Sorry not Sorry · Dr. Mario Herger

DR. MARIO HERGER

SORRY NOT SORRY

Die Kunst, wie man sich nicht entschuldigt

PLASSEN
VERLAG

Gestaltung Cover: Johanna Wack
Gestaltung und Satz: Daniela Dittrich
Vorlektorat: Diane Kieselbach
Korrektorat: Claus Rosenkranz
Druck: CPI books GmbH, Leck, Germany

ISBN 978-3-86470-783-4

Bibliografische Information der Deutschen Nationalbibliothek:
Die Deutsche Nationalbibliothek verzeichnet diese Publikation in der Deutschen Nationalbibliografie; detaillierte bibliografische Daten sind im Internet über <http://dnb.d-nb.de> abrufbar.

BÖRSEN MEDIEN
AKTIENGESELLSCHAFT

Postfach 1449 • 95305 Kulmbach
Tel: +49 9221 9051-0 • Fax: +49 9221 9051-4444
E-Mail: buecher@boersenmedien.de
www.plassen.de
www.facebook.com/plassenbuchverlage
www.instagram.com/plassen_buchverlage

Für Gabriel, Darian und Sebastian.
And for May Kou.

INHALT

EINLEITUNG

„Man gebe mir sechs Zeilen, geschrieben von dem redlichsten Menschen, und ich werde darin etwas finden, um ihn aufhängen zu lassen."

Kardinal Richelieu

Dieses Buch nimmt man nicht so einfach in die Hand. Dazu muss mindestens einer von drei Gründen vorliegen. Entweder hat man Mist gebaut und sucht nach Rat, wie dieser beseitigt werden kann. Oder man kennt jemanden, der Mist gebaut hat, und möchte verstehen, wieso der Mist so stinkt. Oder das Buch wurde einem von jemandem geschenkt, der dezent oder weniger dezent darauf hinweisen will, dass Mist gebaut worden ist. Doch woher kommt nun eigentlich der Mist? Und vom wem? War da nicht was? Vielleicht dieses? Oder jenes? Kann doch gar nicht sein ...

Wer kennt das nicht? Mittendrin bei wichtiger Arbeit oder in einer hitzigen Diskussion mit engstirnigen Kontrahenten entfährt einem ein Kommentar, der die Bedeutung des eigenen Handelns und die geistige Unterbelichtung der Umgebung betont. Wie können die anderen nur so verbohrt sein? Wieso glauben manche, auf ihre Meinung lege irgendjemand wert? Furzt da etwa gerade ein Mammut oder spricht da wirklich ein Untergebener und stört mich, das Genie? Und wer ist das überhaupt? Ein Kunde mit Ansprüchen? Ein Wähler mit Forderungen? Eine Schäfchenherde, die meine Auslegung von Gottes Worten in Zweifel zieht?

Als wäre beruflich nicht schon Stress genug, lastet auch noch der Druck der privaten Beziehung(en) auf einem. Wer versteht nicht, dass ein gelegentliches Aufbrausen reinigende Wirkung haben kann? Dass dieses wieder Ruhe und Harmonie in die natürliche Ordnung bringt? Es gibt immerhin Wichtiges zu tun. Die Delle ins Universum machen, zum Beispiel. Und wo gehobelt wird, fallen Späne. Mit anderen Worten: Wo viel Licht, da ist auch viel Schatten. Doch entschuldigt sich etwa die Sonne für den Schatten? Eben!

Nur wer nichts macht, macht keine Fehler. Entschuldigung, aber das ist so.

Der Duden definiert „entschuldigen" als *wegen eines fehlerhaften Verhaltens den davon Betroffenen um Nachsicht, Verständnis, Verzeihung bitten*. Eine Entschuldigung umfasst somit eine *Begründung, Rechtfertigung für einen Fehler, ein Versäumnis; Nachsicht, Verständnis für jemandes fehlerhaftes Verhalten*.

Das englische Wort „apology" kam Mitte des 16. Jahrhunderts auf und wurde zur Bezeichnung einer formellen Verteidigung gegen eine Anschuldigung verwendet. Das Wort wiederum kommt über das Spätlateinische aus dem Griechischen „apologia" und beschreibt „eine Rede zur eigenen Verteidigung".[1]

Ein enger Verwandter der Entschuldigung ist das Bedauern, bei dem etwas als unerfreulich oder schade empfunden wird. Man empfindet dabei Mitgefühl oder Mitleid mit jemandem.

Öffentliche Entschuldigungen sind so rar, dass, wenn sie einmal passieren, sie das Feuilleton aus der Ruhe bringen und die Aufmerksamkeit des Landes auf sich ziehen. Die Bundeskanzlerin Angela Merkel verursachte solch ein kleines Beben, als sie nach einem Rückzieher für einen geplanten weiteren Corona-Lockdown zu Ostern 2021 nicht nur die Verantwortung für die Fehlentscheidung übernahm, sondern sich dafür sogar entschuldigte.[2]

> *[...] Um es klipp und klar zu sagen: Die Idee eines Oster-Shutdowns war mit bester Absicht entworfen worden, denn wir müssen es unbedingt schaffen, die dritte Welle der Pandemie zu bremsen und umzukehren. Dennoch war die Idee der sogenannten Osterruhe ein Fehler. Sie hatte ihre guten Gründe, war aber in der Kürze der Zeit nicht gut genug umsetzbar, wenn sie überhaupt jemals so umsetzbar ist, dass Aufwand und Nutzen in einem halbwegs vernünftigen Verhältnis stehen.*
>
> *[...] Und auch um ein Zweites klipp und klar zu sagen: Dieser Fehler ist einzig und allein mein Fehler, denn am Ende trage ich für alles die letzte Verantwortung. Qua Amt ist das*

so, also auch für die am Montag getroffene Entscheidung zur sogenannten Osterruhe.

[...] Und es ist mir wichtig, das auch hier zu sagen: Ein Fehler muss als Fehler benannt werden und vor allem muss er korrigiert werden und wenn möglich hat das noch rechtzeitig zu geschehen.

Gleichwohl weiß ich natürlich, dass dieser gesamte Vorgang zusätzliche Verunsicherung auslöst. Das bedauere ich zutiefst und dafür bitte ich alle Bürgerinnen und Bürger um Verzeihung. Diese zusätzliche Verunsicherung bedauere ich umso mehr, als wir uns, dabei bleibt es leider, mitten in der durch die Mutation ausgelösten dritten Welle der Pandemie befinden.

So ungewöhnlich war eine öffentliche Entschuldigung eines Politikers, und nicht nur irgendeines, sondern der Bundeskanzlerin, dass das Feuilleton sich mit grandiosen Worten überschlug. „Historische Erklärung", schnaufte atemlos die *Süddeutsche Zeitung*. „Das gab es noch nie", räsonierte *Die Zeit*.[3] Nicht alle waren so einfältig wie die Kolumnisten dieser Blätter. Messerscharf erkannte der *Tagesspiegel*, dass sich Merkel nicht nur für den „falschen Fehler" entschuldigt hatte, sondern dass es sich auch um ein „durchsichtiges politisches Manöver" gehandelt habe.[4] Der *Spiegel* bekrittelte und bewunderte zugleich Merkels Entschuldigung als „störrische Tapferkeit". Störrisch wie bei einem Esel.[5] Doch eine Entschuldigung birgt immer ein Risiko. Das Echo der Mikrofone war noch nicht verstummt, als schon die ersten Rücktrittsforderungen laut wurden.[6]

Schon andere deutsche Titanen erkannten ganz genau, wie Zögern und Zaudern, Rückzieher und Entschuldigungen die wirklichen Probleme erst eigentlich schaffen. Friedrich der Große postulierte seine Philosophie:

Seien Sie fest in Ihren Entschlüssen! [...] Wägen Sie das Für und Wider vorher ab: Aber wenn Ihr Wille einmal erklärt ist, so gehen Sie um alles in der Welt nicht mehr davon ab.

Diese Tradition setzte die DDR mit dem Mantra „Den Sozialismus in seinem Lauf halten weder Ochs' noch Esel auf" fort. Und Erich Honecker hatte recht. Nicht Ochse und Esel taten es, sondern letztendlich ein gegängeltes Volk, dessen Politiker sich niemals entschuldigen mussten, auch wenn die Fehler noch so offensichtlich und folgenreich waren.

Dabei haben politische Entschuldigungen eine lange Tradition. Das Institute for the Study of Human Rights (ISHR) der Columbia University pflegt eine ausführliche Liste politischer Entschuldigungen, von Staatenlenkern bei anderen Staaten, Bevölkerungsteilen oder Einzelpersonen.[7] Die älteste der aktuell 755 aufgezählten Entschuldigungen stammt aus dem Jahr 1077. Es ist der „Gang nach Canossa". Drei Tage lang kniete Heinrich IV. barfuß und im Büßerhemd im Schnee vor den Toren der Burg Canossa, um den Machtkampf mit Papst Gregor VII. beizulegen und den Kirchenbann aufzuheben. Etwas übertrieben, aber es waren andere Zeiten.

In dieser Liste der Entschuldigungen findet man historisch distanzierte Vergebungsversuche. Nicht die eigentlichen Schuldigen, sondern deren Nachfolger, und das teilweise erst Hunderte Jahre später, gestanden eine Schuld ein. Willy Brandts Kniefall in Warschau war eine Geste für das Fehlverhalten unserer Vorfahren. Papst Johannes Paul II. entschuldigte sich mickrige 359 Jahre später für den Hausarrest bei Galileo Galilei, den das jetzt aber nicht mehr juckt.

Die Notwendigkeit, sich entschuldigen zu müssen, ist, wie wir bereits bemerkt haben, keine Erfindung der Neuzeit oder gar der westlichen Welt. Schon Trunkenbolde im alten China hatten nach einer durchzechten Nacht einiges zu bereuen, auch wenn man sich nicht immer erinnern konnte, wen man wie beleidigt hatte. Wie bequem war es da, wenn die Tavernen entlang der Seidenstraße gleich Vorlagen mit Entschuldigungsfloskeln zum Kauf anboten, die man

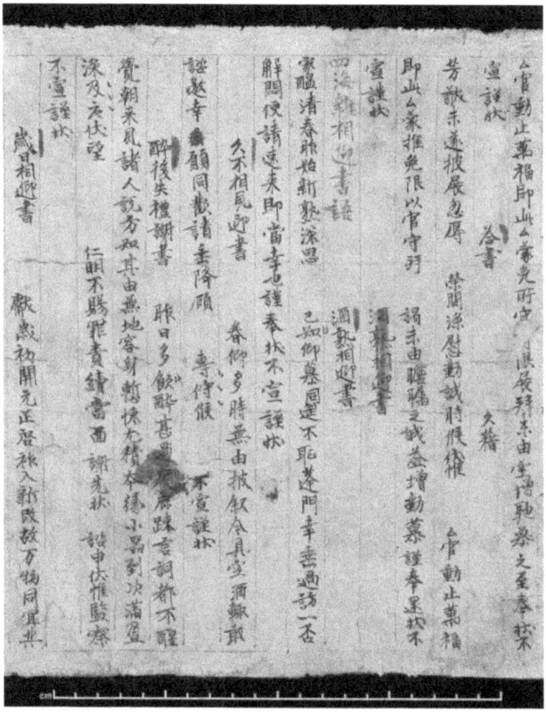

Abbildung 1: Entschuldigungsvorlage aus Dunhuang, 856 A. D.

nur abschreiben, den Namen des Beleidigten einsetzen und dann unterschreiben musste. Solche Vorlagen wurde in der kleinen Oasenstadt Dunhuang in der Provinz Gansu ausgegraben. Das dortige „Amt für Umgangsformen“ stellte diese Entschuldigungen aus und den beleidigten Gastgebern auch direkt zu. Sie fanden vor allem bei den lokalen Beamten und Durchreisenden reißenden Absatz, die scheinbar regelmäßig über die Stränge geschlagen haben mussten.[8]

Wie klingt solch eine Entschuldigung? Der abgebildete Text aus dem Jahr 856 A. D. sagt Folgendes:

> *Gestern, nachdem ich zu viel getrunken hatte, war ich so berauscht, dass ich alle Grenzen überschritt; aber keine der unhöflichen und groben Ausdrücke, die ich benutzte, habe*

Abbildung 2: Gesamte Rolle einer Entschuldigungsvorlage aus Dunhuang, 856 A. D.

> *ich in einem bewussten Zustand geäußert. Am nächsten Morgen, nachdem ich andere über das Thema sprechen hörte, wurde mir klar, was geschehen war, woraufhin ich von Verwirrung überwältigt und bereit war, vor Scham in die Erde zu sinken.*

Vor Scham in die Erde versunken ist vermutlich niemand. Wer hätte denn sonst die Vorlagen ausfüllen sollen? Eine ganze Rolle mit Entschuldigungen für unterschiedliche Situationen wurde entdeckt und die Länge deutet auf viele Grobheiten im Suff und damit eine erhebliche Entschuldigungsnotwendigkeit hin.

Entschuldigungen können eine Kultur definieren und keine hat das mehr formalisiert als Japan. Gleich 20 Formen der Entschuldigung listet die *BBC* auf.[9] Dies wurzelt im Verlangen der Gesellschaft nach Harmonie. Es ist unbedingt zu vermeiden, dass man den anderen zu einer Belastung – meiwaku (迷惑) – wird. Und das lässt sich nie wirklich vermeiden, die Welt ist darauf ausgelegt, dass wir zur Nervensäge werden. Vom häufig angewandten sumimasen (すみません), das verwendet wird, wenn wir in der U-Bahn an jemand vorbei oder die Aufmerksamkeit des Kellners erhaschen wollen, über das eher formale mōshiwake nai (申し訳ない), das man im Umgang mit Kunden oder Geschäftspartnern verwendet und was eigentlich darauf hinweist, dass es keine Entschuldigung dafür gibt, bis hin zum im Familien- und Freundeskreis verwendeten, sehr informellen gomen'nasai (ごめんなさい) reichen die Entschuldigungen.[10] Speziell bei sehr formellen Entschuldigungen, denen ein großes Verschulden vorangeht, sind tiefe Verbeugungen in aller Öffentlichkeit angebracht. Das Sahnehäubchen stellt ein tränenüberströmtes Gesicht dar. Übertreiben darf man es allerdings auch in Japan nicht. Ein japanischer Politiker, der Steuergelder für fast 200 Ausflüge mit einer jungen Dame in einen Thermalkurort verwendet hatte, fiel seinen Landsleuten durch wirres Gefasel und übertriebenes Schluchzen während seiner dreistündigen Entschuldigungspressekonferenz unangenehm auf.[11]

Man erkennt sofort, dass Entschuldigungen in anderen Kulturen körperliche Herausforderungen darstellen können. Nicht jedem in der westlichen Welt gelingt es so einfach, eine tiefe Verbeugung zu machen, ohne ins Schnaufen zu kommen oder überhaupt über den vorgelagerten Wanst hinweg die eigenen Füße zu sehen, speziell wenn die eigenen Verfehlungen auf überzogenen Spesenabrechnungen von 3-Sterne-Restaurants basieren.

Aber lassen wir lieber die ferne Vergangenheit und fremde Kulturen mit ihren merkwürdig anmutenden Entschuldigungsritualen hinter uns. Was zählt, ist das Hier und Jetzt und wie wir solch demütigende Szenen vermeiden können. Nein, natürlich nicht, indem wir uns erst gar nichts zuschulden kommen lassen. Ha, wer kommt denn auf solche Ideen? Journalisten etwa? Wir wollen uns nun ausführlich damit beschäftigen, wie wir uns nachträglich herauswinden können.

Von den Besten lernen

Irgendwie ist es schon frustrierend, dass gerade jene, in deren Abwesenheit wir ordentlich über sie herziehen, so wenig zu ihrer Entschuldigung zu sagen haben.

Ernst Ferstl

Es gibt zwei beneidenswerte Kategorien von Menschen, die die Kunst der Nicht-Entschuldigung auf die Spitze getrieben haben: Beamte und Kabarettisten. Erstere haben einen unfairen Vorteil. Sie brauchen sich nicht entschuldigen, weil Kraft ihres Amtes jede ihrer Handlungen berechtigt ist. Auch die ungerechten.

Deutsche Polizeibeamte, die einen schwarzen Lehrer in seiner eigenen Schule mit vorgehaltener Dienstwaffe anhalten, weil eine Passantin ihn für einen Einbrecher gehalten und die Polizei verständigt hatte, müssen sich nicht entschuldigen.[12] Auch wenn sich der Hamburger Lehrer Philip Oprong Spenner schon etwas unwohl fühlte, als er mehrere Pistolen auf sich gerichtet sah. Es dauerte 38 Minuten, bis er das Misstrauen der Amtshandelnden zwar nicht beseitigen, aber doch verringern konnte – und bis sie ihm glaubten, dass er wirklich Lehrer ist. An dieser Schule. Wer kann schon ahnen, dass es Lehrer mit dunkler Hautfarbe gibt? In Deutschland noch dazu! Da war aber etwas, was Lehrer Spenner erst später bewusst wurde: Er ist nie in den Genuss einer Entschuldigung wegen des offensichtlichen Missverständnisses gekommen. Laut Polizei besteht dazu auch keine Notwendigkeit. Eine Amtshandlung auf Verdacht ist genauso zulässig wie eine ohne Verdacht.

In den USA sind solche Amtshandlungen gang und gäbe. Die Polizei rückt dort beim kleinsten Verdacht eines Drogengeschäfts mit der ganzen Kavallerie an, sprengt die Tür auf, dringt in ein Haus ein und fesselt angetroffene Bewohner, ob bekleidet oder nicht, an Heizkörper, um dann die Unterkunft in Ruhe nach Drogen durchsuchen zu können. Und wir raten richtig: Sollte man irrtümlich in das falsche Haus eingedrungen sein, ist keine Entschuldigung notwendig – und die Polizei übernimmt auch keine Kosten für entstandene Schäden. Die eingedrückte Tür und die verwüstete Wohnung werden nicht mit Steuermitteln repariert. Dem Steuerzahler gegenüber steht die Polizei schließlich in der Verantwortung![13]

Die Hamburger Polizei zeigte sich übrigens generös. Als bürgernahe Behörde gab es zwei Monate nach dem Vorfall – und sicherlich nicht aufgrund eines kritischen Berichts in der *Hamburger Morgenpost* – bei Lehrer Spenner einen Anruf des Polizeichefs, der sich entschuldigte. Eine nette Geste, die zeigt, dass auch Beamte für ihre Bürger schon einmal die Extrameile gehen.[14] Dabei müssen wir den Beamten schon zugutehalten, dass ein Lehrer, der an einem Sonntag(!) in der Schule anzutreffen ist, höchst verdächtig wirkt.

Nicht jeder von uns befindet sich in der glücklichen Lage, eine schon per Definition „entschuldigungsbefreite“ Amtshandlung vornehmen zu dürfen. Kabarettisten, Satiriker und sonstige Spaßvögel beispielsweise stehen am anderen Ende des Spektrums. Der Kern ihrer Existenz ist, etwas auszusprechen, wofür sich der Rest der Menschen ständig zu entschuldigen hätte. Kabarettisten aber kommen ungeschoren davon, zumindest in diesem Leben.

Verstorbene erfahren vom heiligen Petrus, dass sie für jede Lüge und Beleidigung, die sie in ihrem Leben geäußert haben, noch einen Nadelstich erhalten werden, bevor sie in den Himmel Einlass finden. Die erste Sünderin tritt vor und Petrus fragt sie: „Schwester, was war dein Beruf?"

„Heiliger Petrus, ich diente auf Erden unserem Herrn als Nonne ..."

„Dann gibt es einen Nadelstich für dich, Schwester", sagt Petrus und schickt sie weiter. Der nächste Sünder tritt vor.

„Bruder, was war dein Beruf?", fragt ihn Petrus.

„Ich war Kabarettist", antwortet dieser.

Petrus wendet sich nach hinten und ruft: „Bringt die Nähmaschine!"

Zu den zwei Kategorien von Menschen stößt neuerdings immer häufiger die Kategorie Unternehmer hinzu. Diese haben in ihrer kapitalistischen Profitgier die unangenehme Tendenz, anderen gelegentlich Schaden zuzufügen. Eine kleine Ölverschmutzung hier, eine Schummeleinrichtung dort, ein Bestechungsskandal da oder eine Firmenparty mit bezahlten Prostituierten im Geheimen. Unverständlich dann eigentlich, dass die Geschädigten Schadenersatz oder irregeführte Kunden Entschuldigungen einfordern, wo doch alles nur zum Rundlaufen der Wirtschaft geschehen war. Ein deutsches Unternehmen spielte da ganz vorne mit und sah sich 2016 gezwungen, eine Entschuldigung in Form einer ganzseitigen Anzeige zu veröffentlichen:[15]

> *Wir wissen, dass es um mehr geht als nur die Umrüstung von Motoren.*
>
> *Es gibt nichts Wichtigeres für eine Marke als Vertrauen. Vertrauen kann man nicht durch Schnelligkeit herstellen. Sondern durch Gründlichkeit, Ehrlichkeit, Verlässlichkeit. Durch all das, was Sie zu Recht von Volkswagen erwarten.*
>
> *Wir haben gründlich gearbeitet. Und können jetzt sagen, was wir gern eher gesagt hätten:*
>
> *Wir haben bereits erfolgreich mit der Umrüstung der betroffenen Dieselmotoren, Baureihe EA 189, begonnen.*
>
> *In enger Absprache mit den zuständigen Behörden haben wir zuverlässige und erprobte technische Lösungen entwickelt. Die EA 189-Dieselmotoren mit 1,2 und 2,0 Litern Hubraum bekommen ein Software-Update. Bei den 1,6-Liter-Motoren wird zusätzlich ein sogenannter Strömungsgleichrichter im Luftansaugtrakt eingesetzt – dafür ist kein Eingriff in den Motor notwendig. Die reine Arbeitszeit für diese Maßnahmen beträgt deutlich weniger als eine Stunde. Die Kosten für die Umrüstung übernehmen selbstverständlich wir.*
>
> *Die ersten Umrüstungen haben bereits begonnen – mit dem Resultat, dass keine Veränderung der Leistungsdaten, der Geräuschemissionen, der Steuereinstufung oder der Verbrauchswerte bei der vorgeschriebenen NEFZ-Messung*

festzustellen waren. Dieses Ziel verfolgen wir bei allen weiteren Umrüstungen natürlich ebenfalls.

Wir bitten um Verständnis, dass sich nicht alle Fahrzeuge zur gleichen Zeit umrüsten lassen, sondern dass wir schrittweise vorgehen müssen. Natürlich sind die Fahrzeuge auch ohne die oben genannten Maßnahmen technisch sicher und fahrbereit.

Wir wissen, dass es mit der reinen Umrüstung der Motoren nicht getan ist. Wir wollen Ihr Vertrauen zurückgewinnen. Und daran arbeiten wir rund um die Uhr. Gründlich, ehrlich, zuverlässig.

Volkswagen

Was wie eine „Mea culpa" klingt, ist nur der Wolf im Schafspelz. An keiner Stelle im Text steht das Wörtchen Entschuldigung. Auch wird keinerlei Bedauern ausgedrückt oder das eigene Verhalten beschrieben. Ganz im Gegenteil: Liest man den Text oberflächlich, erhält man den Eindruck, es mit einem ganz tollen und verantwortungsvollen Unternehmen zu tun zu haben, das „gründlich" arbeitet, „erfolgreich" umrüstet und „in enger Absprache mit den Behörden" an Lösungen – für das Wohl der Menschheit vermutlich – werkelt. Alles das, was man von einem deutschen Unternehmen erwartet: gründlich, ehrlich, zuverlässig. Und damit man dem Unternehmen vertrauen kann, hat es auch der Herr – oder ist es die Frau? – Volkswagen unterschrieben.

Eine Entschuldigung in einem ähnlichen Ton gab es von Herrn oder Frau ERGO. Wir erinnern uns vielleicht, dass der deutsche Versicherer in die Schlagzeilen geriet, weil er unter anderem seinen Mitarbeitern eine Sexparty mit – so wird kolportiert – 20 Prostituierten in Budapest gesponsert hatte, während er gleichzeitig Kunden bei Renten- und Lebensversicherungen „kreativ" beraten und abgezockt hatte. Der Skandal wurde 2011 öffentlich. Dabei war man doch eigentlich nur geschäftstüchtig gewesen. Eine öffentliche Abbitte in Form einer in Tageszeitungen geschalteten Anzeige musste her.[16]

Wenn Menschen Fehler machen, entschuldigen sie sich.

Wenn Unternehmen Fehler machen, unternehmen sie etwas dagegen.

Darum tun wir beides.

In den vergangenen Wochen tauchten immer wieder Meldungen auf, die unterschiedliche Vorwürfe gegen ERGO zum Thema hatten. Mal ging es um eine Incentive-Reise nach Budapest im Jahr 2007, mal um seltsam anmutende Trinkspiele, mal um fehlerhafte Angaben auf Riester-Formularen 2005, mal um mutmaßliche Beratungsfehler.

Wir arbeiten intensiv an der Aufklärung all dieser Vorwürfe.

Wir ergreifen weitreichende Maßnahmen, um solche Fehler in der Zukunft auszuschließen.

Wir werden Nachteile ausgleichen, die unseren Kunden möglicherweise entstanden sind.

Und wir haben zusätzlich eine externe Wirtschaftsprüfungsgesellschaft beauftragt, die entsprechenden Sachverhalte umfassend zu untersuchen und zu beurteilen.

PricewaterhouseCoopers wird mit maximaler Neutralität und Objektivität die erhobenen Vorwürfe prüfen.

Wenn etwas nicht gut ist, werden wir darüber berichten. Und es dann besser machen.

„Versichern heißt verstehen" ist für ERGO mehr als ein Werbeslogan. Wir sind angetreten, das Thema Versicherung besser, verständlicher und kundenfreundlicher zu machen.

Daran ändern auch Fehler in der Vergangenheit nichts.

Im Gegenteil: Diese Vorgänge spornen uns an, den begonnenen Veränderungsprozess konsequent fortzusetzen.

Dazu sind wir den Menschen, die uns vertrauen, verpflichtet.

ERGO

Coole große Worte als Einleitung. Das sind Sätze mit Aphorismenqualität, die sich Grundschüler ins Poesiealbum schreiben werden. Es tauchten Meldungen wie Fabelwesen aus dem Sumpf auf: Die „Incentive-Reise nach Budapest" war eigentlich die hässliche Sexparty von notgeilen Mitarbeitern mit Prostituierten. „Wenn etwas nicht gut ist, werden wir darüber berichten", aber wir entscheiden, ob etwas nicht gut ist, und es war ja eigentlich gut, dass so etwas passiert ist, denn „[d]iese Vorgänge spornen uns an" („Vorgänge": siehe hässliche Sexpartys, Abzocke). Herrn oder Frau ERGO sind den Menschen, die ihnen vertrauen, verpflichtet. Sind vermutlich ohnehin nicht mehr viele gewesen.

Schon immer ausgenommen von der Pflicht zur Entschuldigung war die Kirche. Ja, der Papst postuliert sich sogar als unfehlbar. Wie praktisch! Aber auch die Gläubigen kamen in den Genuss mittels einer einfachen Beichte. Deines Nächsten Weib begehrt? Kein Problem: In den Beichtstuhl. Deines Nächsten Weib nicht nur begehrt, sondern den Geschlechtsakt auch vollzogen? Na und? Drei Rosenkränze. Den eifersüchtigen Ehemann dann abgemurkst? Bedauerlich! Zahle einen großzügigen Ablass an die Kirche. Einem Ministranten unter den Talar gegriffen? Glückwunsch! Ab in den angenehmen Lebensabend in einem ruhigen Kloster.

Diesen Luxus genießen die Normalsterblichen unter uns nicht. Deshalb werden wir gelegentlich zu Entschuldigungen aufgefordert. Lästig, aber das ist so.

Der Nutzen von Entschuldigungen

Warum bloß tut man sich so etwas Unnötiges wie eine Entschuldigung an? Oder vielmehr: Wieso fordern Leute eine ein? Sehen wir uns das ganz unvoreingenommen und ohne Vorurteile mit offenem Mindset an.

Die Autoren von „When Sorry Isn't Enough", die Psychologin Jennifer Thomas und der Betreuer Gary Chapman, behaupten, dass eine Entschuldigung zu Vergebung und Versöhnung führt.[17]

> *Wenn wir uns entschuldigen, übernehmen wir die Verantwortung für unser Verhalten und versuchen, bei der Person, die beleidigt wurde, Wiedergutmachung zu leisten. Eine aufrichtige Entschuldigung öffnet die Tür zur Möglichkeit der Vergebung und Versöhnung.*

Die Logik dahinter ziele auf die Beseitigung eines mentalen Hindernisses ab:

> *Die unrechtmäßige Handlung steht wie eine Barriere zwischen den beiden Menschen und die Beziehung ist zerrüttet. Sie können, selbst wenn sie wollten, nicht so leben, als wäre das Unrecht nicht begangen worden.*

Die Autoren pauschalisieren, wie leicht zu erkennen ist. Es ist vor allem eine Person, die hier die Barriere sieht und deshalb die Beziehung als zerrüttet wahrnimmt. Warum soll das nun ein Problem für beide Menschen sein? Fragen über Fragen. Apropos Fragen: Die Autoren zitieren auch eine Umfrage. Dort wurde Personen die Frage gestellt, was sie bei einer Entschuldigung am liebsten hätten. Das Ergebnis:

Fast vier Fünftel wollten, dass der Büßer entweder Bedauern ausdrückt oder Verantwortung übernimmt. Weniger wichtig waren Wiedergutmachung, Reue oder Vergebung.

Wie sieht aus wissenschaftlicher Sicht eine gelungene Entschuldigung aus? Der amerikanische Verhaltensforscher David P. Boyd kam auf sieben aufeinanderfolgende Schritte, die er als die Kunst einer öffentlichen Entschuldigung bezeichnet:[18]

1. **Offenbarung**
2. **Anerkennung**
3. **Reaktionsfähigkeit**
4. **Verantwortung**
5. **Gewissensbisse**
6. **Rückerstattung**
7. **Reform**

Im ersten Schritt wird einer Person zugetragen, dass sie sich einer anderen Person gegenüber verletzend verhalten hat. Das kann ein Freund sein, der es dieser Person steckt, indem er beispielsweise dieses Buch verschenkt, oder ein Medium, das in großen Schlagzeilen von der Verfehlung berichtet.

Im zweiten Schritt muss die beschuldigte Partei einsehen, dass die Vorwürfe gerechtfertigt sind. Ja, ich habe das letzte Stück Schokoladenkuchen gegessen. Stimmt, wir haben am Dieselmotor manipuliert.

Im dritten Schritt wird von den Erzürnten als wichtig angesehen, dass der oder die Beschuldigte rasch reagiert. Und zwar je nach Umständen innerhalb weniger Stunden oder Tage. Das kann, leicht erkennbar, stressig werden.

Im vierten Schritt soll Verantwortung für das Vergehen übernommen werden, idealerweise vom Beschuldigten. Das wirft verschiedene Fragen auf: Wie viel Verantwortung? Die volle? Übernimmt man sie selbst? Kann jemand anders geopfert werden?

Der fünfte Schritt scheint eine Extraaufgabe zu sein: Von den Beschuldigten sollen theatralisch Gewissensbisse gezeigt werden.

Tränen, Weinen, Jammern, Zähneknirschen, Hände vor das Gesicht schlagen. Mit anderen Worten: Ein ganzes Repertoire steht uns zur Verfügung, aus dem wohlbedacht ausgewählt werden will.

Im sechsten Schritt steht eine Wiedergutmachung an. Wobei wir bereits gelernt haben, dass das den Erzürnten bei einer Entschuldigung gar nicht so wichtig ist. Uns daran zu erinnern ist wichtig, denn wer will schon seinen – mit den unredlich verdienten Geldern mühsam erschaffenen – materiellen Besitzstand so einfach wieder aufgeben?

Beim von Boyd zuletzt angeführten Schritt wird erwartet, dass sich die beschuldigte Partei ändert. Sie soll Maßnahmen ergreifen, dank deren das nicht mehr vorkommt und sie sich von nun an „besser" verhält. Darüber wurden bereits ganze Bibliotheken von Verbesserungsliteratur geschrieben. Wer hat schon die Zeit, sich damit zu befassen?

So jedenfalls sieht es der akademische Elfenbeinturm, wo die Theorie gern einmal die Praxis zu überragen versucht. Was in diesen Schritten allerdings fehlt, ist der Teil, in dem die Erzürnten aufgefordert sind, selbst tätig zu werden: Sie müssen vergeben. Denn eine Entschuldigung ohne Vergebung ist wie ein Veganer, der anderen nicht ständig mit Erklärungen zu seiner Nahrungswahl auf die Nerven geht. Wozu all die Mühen und Entbehrungen, ohne dass man ein Wort des Zuspruchs erhält?

Wie nun geht man damit ganz konkret im wirklichen Leben um? Gleich 40 solcher praktischen Kunstgriffe werden wir auf den nächsten Seiten kennenlernen und, so viel sei verraten, acht Bonus-Kunstgriffe, die den Spieß umdrehen.

KUNSTGRIFFE DER NICHT-ENTSCHULDIGUNG

Mein Therapeut sagte mir: „Schreiben Sie Briefe an die Leute, die Sie hassen, und verbrennen Sie sie dann." Das habe ich getan, aber jetzt weiß ich nicht, was ich mit den Briefen machen soll.

So wenig man eine Pandemie vorhersehen kann oder eine Wirtschaftskrise oder einen Wintereinbruch im Dezember, genauso unvorhersehbar ist die Aufregung um die eigene Person. Was weiß die Öffentlichkeit schon um die Bürde und die Pflichten einer Position wie der meinigen? Forderungen nach Entschuldigungen für vermeintliche Fehltritte wirken insofern grotesk. Doch wie man einem grausamen Gott gelegentlich eine Ziege oder den Erstgeborenen opfern muss, muss man hin und wieder eine Entschuldigung als Opfer an den Empörungsgott der öffentlichen Meinung leisten.

Der Könner weiß, dass eine geschickte Formulierung die Wogen glätten und die Empörung umlenken kann, ohne dass persönliche oder gar materielle Opfer nötig werden. Man wählt Worte, die alles richtig klingen lassen, aber doch nie das Wesentliche sagen. Und die Konsequenzen halten sich in Grenzen. Berliner wissen das:

> *Ein Berliner läuft als Tourist durch Wien. Er fragt einen Einheimischen nach dem Weg: „He, Sie, Männeken, könn'Se ma sagen, wo et hier direktemang zum Stephansdom jeht?"*
>
> *Der Wiener: „Aber mein liaber Freind, kennan S' des net a bisserl freindlicher sog'n?"*
>
> *Der Berliner schaut ihn erstaunt an und sagt dann: „Nee, da valoof ick mia liba!"*
>
> *Weil der Teufel nicht schläft, muss im selben Jahr der Wiener nach Berlin. Und weil er sich dort nicht auskennt, muss er nach dem Weg zum Postamt fragen. Also spricht er einen Berliner an:*

„Tschuidigen'S, gnä' Herr, können Sie mir sagen, wie ich zum Postamt komme?"

Maschinengewehrartig antwortet der Berliner: „Zwei Straßen geradeaus, scharf nach rechts, eine Straße geradeaus, Straße überqueren, halbrechts unter dem Bogen durch, scharf links über die Schienen, am Zeitungsstand vorbei und direkt in die Eingangshalle der Post rein."

Der Wiener, nun mehr befremdet als aufgeklärt, murmelt trotzdem: „Tausend Dank, gnä' Herr –", worauf der Berliner den Wiener unterbricht, am Kragen packt und ihn anbellt: „Vergessen Sie den Dank! Wiederholen Sie die Anweisung!"

Die Kunstgriffe, die ich hier vorstelle, sind der moderne Canossagang. Keine Asche auf dem Haupt, um den Papst zu besänftigen und die eigene Macht zu behalten, sondern Worte, die nach Entschuldigung klingen, ohne jedoch wirklich den Anschein eines Eingeständnisses von Schuld oder gar des Ziehens von Konsequenzen zu vermitteln. Wie denn auch, wenn wir uns nichts vorzuwerfen haben? Doch manchmal bettelt die Meute nach irgendetwas, das sie besänftigt oder ablenkt, und sei es ein noch so kleines Zugeständnis.

Die Kunstgriffe lassen sich in vier Kategorien einteilen: Die erste ignoriert solche Vorwürfe. Es gibt Wichtigeres zu tun, als sich mit Lappalien zu beschäftigen. Und beschäftigt ist unsereiner. Wo gehämmert wird, werden Finger getroffen. Und sich jetzt wegen jedes blauen Fingernagels zu entschuldigen? Lächerlich!

In der zweiten Kategorie füttern wir die Meute. Generös lassen wir uns dazu herab, dass etwas geschehen ist oder sein könnte, aber wir wollen uns nicht allzu viel mit den Hintergründen des Geschehens auseinandersetzen. Hier sind ein paar Krumen und dann lasst uns in die Zukunft blicken und die Vergangenheit ruhen lassen.

In der dritten Kategorie müssen wir nicht einmal heucheln. Wenn nichts geschehen ist, was bitte soll die Aufregung? Und damit kann und muss auch nichts getan werden, warum auch? Außerdem sind wir viel zu cool dafür.

Die vierte und letzte Kategorie ist sozusagen die Versicherungspolice unter den Entschuldigungen. Wer unter uns weiß schon im Vorhinein, wo man uns etwas anhängen will? So wie man anderen etwas Gutes tut und diese danach in unserer Schuld stehen, können präventiv Freischeine für Vergehen gezogen werden, um sie im geeigneten Moment abzurufen. Nach dem Motto: „Was regst du dich auf? Ich habe mich doch schon vor Wochen entschuldigt, als noch nichts passiert ist."

Warum aber sollen immer nur wir die Blöden sein? Drehen wir doch den Spieß einmal um. Im Bonuskapitel stellen wir den anderen Fallen, damit sie von einer Entschuldigung in die andere stolpern und potenzielle Vergehen unsererseits als Lappalien erscheinen lassen.

Bevor wir loslegen, beginnen wir mit einer komödiantischen Collage von Reaktionen auf ein Vergehen. Die amerikanische Kabarettistin Amber Ruffin war zu Gast in der „Late Night Show" mit Seth Meyers.[19] Anstelle des üblichen Talkshow-Geplänkels schlug sie ihm mit der Faust ins Gesicht. Der darauffolgende Dialog ist ein Meisterstück der Nicht-Entschuldigung:

Seth Meyers: „Du hast mir gerade ins Gesicht geschlagen!"

Amber Ruffin: „Ich weise diese Anschuldigungen kategorisch zurück."

SM: „Du hast mir gerade eben ins Gesicht geschlagen!"

AR: „Wirklich? Das klingt nicht nach mir. Jeder, der mich kennt, würde sagen, dass das nicht meinem Charakter entspricht."

SM: „Amber, du kamst her, setztest dich hin und dann schlugst du mir ins Gesicht."

AR: „Ich habe den Vorfall anders in Erinnerung. Es tut mir leid, dass sich dein Gesicht geschlagen anfühlt."

SM: „Das klingt nicht nach einer Entschuldigung."

AR: „Seth, das waren damals andere Zeiten."

SM: „Das war vor 30 Sekunden! Und du hast mir ins Gesicht geschlagen."

AR: „Ich? Jemanden ins Gesicht schlagen? Schau, ich war immer ein Unterstützer von Gesichtern. Einige meiner besten Freunde haben Gesichter."

Mit diesem Vorgeschmack auf die Ohrfeige im Gesicht tauchen wir nun in die Welt der Kunstgriffe und deren praktischer Anwendung ein.

Kategorie I – Nichts ist passiert

Eine Entschuldigung ist schlimmer als eine Lüge,
denn eine Entschuldigung ist eine versteckte Lüge.

Alexander Pope

Wer bremst, verliert. Wer sich entschuldigt, gesteht ein, schuldig zu sein. So einfach ist die Welt. Statt sich zu ent-schulden lädt man mit einer Entschuldigung erst recht das Zugeständnis einer Schuld auf sich. Für Manager, Politiker oder sonstige hohe Tiere zieht das eine Reihe von Unannehmlichkeiten nach sich.

Angela Merkel kann ein Lied davon singen. Als sie im Frühjahr 2021 ihre Landsleute um Verzeihung für den verpatzten Plan einer „Osterruhe", also einen pandemiebedingten Lockdown während der Osterfeiertage, bat, waren kaum ihre Worte verhallt, als schon die Rufe nach ihrem Rücktritt laut wurden.[20] Da half das ganze Wohlwollen einiger Kolumnisten nichts, die Merkel Ehrlichkeit zugestanden hatten. Ehrlichkeit wird bestraft und die Lehre daraus ist, dass man leugnet, was nur geht.

Mit anderen Worten: Es ist nichts passiert und das kann man auf vielfältige Weise ausdrücken.

1. Kunstgriff
Bloß nicht entschuldigen und beinhart aussitzen

In neun von zehn Fällen erfährt man von den Unzulänglichkeiten anderer erstmals aus ihren Entschuldigungen.

Oliver Wendell Holmes Sr.

Erinnern wir uns noch an die berühmte Geschichte des Opfers für einen grausamen Gott? Im Alten Testament befiehlt Gott von Abraham als Beweis seiner Gottestreue, dass er ihm seinen erstgeborenen Sohn Isaak opfern soll. Abraham hat seinen Sohn bereits an der Opferstätte festgebunden und das Messer gewetzt, als ein Engel Abraham im letzten Moment davon abhält und Gott sein getreues Schäfchen für seine Gottesfurcht belohnt. Es lässt sich so viel zu dieser Geschichte sagen, nämlich wie ein alter Vater aufgrund irgendwelcher Stimmen, die er vernommen hat und einem Gott zuschreibt, seinen immerhin schon 37 Jahre alten Sohn überwältigt und flugs abmurksen will. Weist der Name Isaak, der im Hebräischen „lächerlich" und „unglaublich" bedeutet, auf eine Geisteskrankheit oder Geringschätzung der göttlichen Forderung nach Ernsthaftigkeit hin und dient das als Grund für seinen Vater, diese Bürde loszuwerden und seine vermeintliche Schuld bei Gott zu tilgen?

Was auch der Grund und die Deutung dieser merkwürdigen Geschichte ist, nicht immer muss man tatsächlich ein Opfer bringen, um sich von Schuld zu befreien. In den meisten Fällen genügt ein ressourcenschonendes Aussitzen des Sturms. Eine Dürre kann nicht ewig dauern, das Kriegsglück sich auch einmal wenden. Und genauso ist es mit der öffentlichen Aufmerksamkeit. Der nächste Tritt ins Fettnäpfchen eines politischen Rivalen oder einer Berühmtheit kommt so sicher wie der Furz nach dem Bohnenessen oder die Genickwatsche bei Bud Spencer. Was sind schon ein paar Tage einer rasselnden Meute vor den eigenen Toren, wenn man sich nichts vorzuwerfen hat?

Sich nicht zu entschuldigen und den Sturm der Empörung beinhart auszusitzen ist nicht für jede und jeden etwas. Es erfordert eine dicke Haut und Beharrungsvermögen. Das ist nicht immer einfach. Leute können ziemlich gemein werden, wenn sie keine Entschuldigung erhalten. Doch die Aufmerksamkeit der Öffentlichkeit ist nicht von Dauer. Meistens reicht weniger als eine Woche, bis der nächste Skandal oder die nächste Krise den Medientross weiterziehen lässt. Jede Krise, die man so aussitzen kann, stählt und verleiht einem eine Teflonschicht. Die nächsten Vorwürfe und Anschuldigungen prallen von einem dann einfach ab.

Am Beginn der Coronakrise 2020 führten recht großzügig ausgelegte Vorschriften im Umgang mit Pandemien zur Verbreitung des Virus in ganz Europa. Der Ausgangspunkt war eine Bar im Tiroler Skiort Ischgl gewesen, in der ein mit dem Virus infizierter Kellner arbeitete. Die Skisaison war in vollem Gange. Das profitable Winterbusiness der Hotels und Seilbahnen bei dieser perfekten Schneelage und diesem großartigen Wetter wegen eines kleinen Virus vorzeitig zu beenden kam daher klarerweise nicht infrage. Anfänglich zumindest. Als die Situation dann unkontrollierbar wurde, wiesen die Behörden die Urlauber an, sich „gefälligst zu schleichen" – pardon, die geordnete Heimreise anzutreten. Ohne dass man aus Tiroler Sicht auch nur die Notwendigkeit sah, Heimreisemöglichkeiten zu organisieren oder die Urlauber auf Infektionen zu testen.[21] Das Resultat: Von Ischgl aus verbreitete sich das Virus in Dutzende Länder. Die Seilbahnen waren offen geblieben, aber Europa sperrte zu.

Der Sturm der Empörung, der sich über Tirol ergoss, kam für die Tiroler selbst ziemlich überraschend. Was genau bitte hatte man sich zuschulden kommen lassen? Das sah auch der Tiroler Landesrat für Gesundheit, Bernhard Tilg von der ÖVP, so, als er ins Nachrichtenstudio eingeladen wurde, um seine Meinung dazu zu äußern und die Maßnahmen, oder korrekter, die Gründe für die fehlenden Maßnahmen zu erörtern. Was sollte da groß besprochen werden, wenn nichts falsch gemacht worden war? In der Nachrichtensendung „ZIB 2" wiederholte Tilg gezählte elfmal denselben Satz: „Wir [das Land Tirol] haben alles richtig gemacht!" Trotz des nachfolgenden Shitstorms saßen ein Jahr später Tilg und die Tiroler Regierung nach wie vor fest im Sattel, bevor Tilg dann doch seinen Skihelm nahm und sich verabschiedete. Man wird belohnt, wenn man sich nicht entschuldigt, darauf pocht, keinen Fehler gemacht zu haben, und über Sitzvermögen verfügt. Wieso aber war Tilg so selbstsicher und vermied es vor dem Moderator, den Fehler zuzugeben und sich zu entschuldigen? Der Grund ist ein ganz einfacher: Wenn man (vage formulierte) Gesetze und Regulierungen so interpretieren kann, dass man sie trotzdem buchstabengetreu befolgt, ist erstens kein Fehler passiert und zweitens keine Entschuldigung notwendig.

Und das hatten schon ganz andere intuitiv durchschaut und dem sogar einen Namen gegeben: Dienst nach Vorschrift. Sollte es aber so weit kommen, dass kein Gesetz, keine Vorschrift, keine Regulierung zu finden ist, dann erlasse man schnell eine – oder gründe eine eigene Religion. Nachdem der Papst dem englischen König Heinrich VIII. die Annullierung der Ehe mit seiner ersten Gemahlin, Katharina von Aragon, verweigerte, pfiff dieser darauf und gründete kurzerhand die Kirche von England, zu dessen Oberhaupt er sich dann praktischerweise auch sogleich ernannte. Damit war kein Kotau mehr vor einem fernen Oberhirten notwendig. Die Nationalsozialisten oder die Militärregierungen in Chile, Argentinien oder Myanmar erließen Gesetze, die sie vor Strafverfolgungen schützen sollten. Es wäre ja alles rechtens gewesen und Entschuldigungen gegenüber den Millionen von Opfern und Hinterbliebenen somit nicht notwendig.

Außerdem kommt die nächste Skisaison bald wieder und spätestens dann ist ohnehin alles wieder vergessen und vergeben. Was jucken mich die Corona-Infektionen vom letzten Jahr, wenn diesen Winter wieder der Berg und die Piste rufen?

2. Kunstgriff
Es ist nie passiert

Das Leben wird einfacher, wenn man lernt, eine Entschuldigung zu akzeptieren, die man nie bekommen hat.

Robert Brault

Es soll ja Personen geben, die sich schon bei der kleinsten Andeutung von Unzufriedenheit ihres Gegenübers zu entschuldigen beginnen, auch wenn sie nicht wissen, wofür eigentlich. Doch die Erfahrung hat sie gelehrt, vorsorglich ihr Bedauern auszudrücken und alle Schuld einzugestehen. Psychologen haben für Individuen mit diesem krankhaften Zwang einen Fachbegriff eingeführt: Ehemänner. Solche Verhaltensweisen wollen wir hier aber nicht behandeln, denn wenn man nicht weiß, wofür man sich entschuldigen soll, und wo auch nichts passiert ist, sind Entschuldigungen nicht notwendig. Es genügt der Hinweis, dass nichts passiert sei. Zur Unterstützung dieser Behauptung hilft es ungemein, Zeugen anzuführen, also Menschen, die in unmittelbarer Nähe gestanden haben, als sich eine Beleidigung zugetragen haben soll. Ganz wichtig ist dabei, dass diese Augen- und Ohrenzeugen in irgendeiner Form vom Wohlwollen des Beschuldigten abhängig sind.

Ist man, sagen wir, der 45. Präsident der Vereinigten Staaten, der den Besuch eines Soldatenfriedhofs verweigert, weil er – in seiner typisch ungefilterten Art – auf dem Schlachtfeld gefallene Soldaten als „Loser“ und konkret die 1.800 Marineinfanteriesoldaten, die in der Schlacht im Wald von Belleau im Ersten Weltkrieg ihr Leben verloren, als „Trottel“ bezeichnet, dann könnten wir mit viel Fantasie und Raufdrehen unseres Sensibilitätsradars darin eine Entgleisung erkennen.[22] Ein Top-Mitarbeiter des Weißen Hauses unter Präsident Trump, Zach Fuentes, konnte die aufgeregte Öffentlichkeit jedoch gleich beruhigen:

Ich habe den Präsidenten nicht jemanden einen Loser nennen gehört, als ich ihm die Wettervorhersage überbracht habe. Ehrlich gesagt, glauben Sie, dass [Stabschef] General [John F.] Kelly dabeigestanden und zugelassen hätte, dass irgendjemand gefallene Marines Loser nennt?

Hat er es nun gesagt oder nicht? Fuentes gibt in seiner Aussage einen indirekten Hinweis: Dass er den Präsidenten diese Worte nicht aussprechen gehört hat, heißt nicht, dass es nicht passiert ist. Er, Fuentes, sei zwar dort gewesen – immerhin habe er dem Präsidenten den (schlechten) Wetterbericht überbracht, der dann als offizieller Grund gegolten habe, warum der Friedhofsbesuch nicht stattgefunden habe –, aber wie bequem ist es, dass Fuentes doch irgendwie nicht in Hörweite gewesen war, als der Präsident die abfälligen Kommentare gemacht haben soll. Zach Fuentes dient hier als geschickt zur Ablenkung geworfene Nebelgranate: Die Worte wurden nicht ausgesprochen, als Fuentes den Wetterbericht übergab.

Verteidigungsminister Mark Esper, der bei dieser Reise auch dabei gewesen war, gab eine Erklärung ab, aus der wir, wenig überraschend, auch nicht schlauer werden:

Präsident Trump hat den höchsten Respekt und die Bewunderung für die Militärangehörigen, Veteranen und Familien unserer Nation. Deshalb hat er für eine bessere Bezahlung und mehr Mittel für unsere Streitkräfte gekämpft.

Auch diese Erklärung geht nicht auf die Vorwürfe in den Medien ein.

Trumps damalige Pressesprecherin Sarah Huckabee Sanders, die bei den Pressekonferenzen ein unglaubliches Talent an den Tag gelegt hatte, Fakten zu verbiegen und zu erfinden, sagte schlicht und einfach: „Diese Kommentare sind nicht geschehen.“[23]

Was nicht geschehen ist, bedarf keiner Entschuldigung. Diese einfache Regel kennt auch die österreichische Wirtschaftsministerin Margarete Schramböck aus eigener Erfahrung. Mitten in der Corona-

Abbildung 3: Einstiegsseite von „Kaufhaus Österreich"

Pandemie entwickelte sie die Idee, eine digitale Plattform für heimische Unternehmen zu erstellen, die – wie Ministerium und Wirtschaftskammer in den heimischen Medien großspurig angekündigt hatten – „Amazon Konkurrenz" machen sollte.[24]

Von Anbeginn an ergossen sich Spott und Häme über das angeblich 1,2 Millionen Euro teure „Kaufhaus Österreich", weil Suchen nach Waren wie Schuhe nicht nur zu naheliegenden Angeboten für Bier oder Kindergärten führten, sondern auch die Anbieter am anderen Ende des Landes und nicht – wie versprochen – regionale waren.

Nach einigen Tagen Funkstille versuchten es die Verantwortlichen mit Schadensbegrenzung, indem sie rasch ihre Plattform von „Kampf gegen Amazon" zu „regionale Händler stärken" umpositionierten. Drei Monate später wurde die Suchfunktion endgültig abgeschaltet. Dieses mit Steuergeldern finanzierte Portal stellte Anfang 2021 dann nicht mehr als ein paar Anregungen bereit, warum man als kleiner Wirtschaftstreibender eine Website braucht und wo man Anleitungen dazu findet. Eine gewisse Selbstironie ist den Betreibern jedenfalls nicht abzusprechen. So lautet das erste Wort direkt unter dem Logo großspurig: „Kompetenz".

Die Ministerin sah die Kontroverse positiv: „Was gut gelungen ist, ist der Bekanntheitsgrad." Folgerichtig hat die Ministerin recht, wenn sie sagt, sie werde sich nicht entschuldigen, eben weil es kein Fiasko gewesen sei.[25]

Merke: Nicht nur ist nichts passiert, damit keine Entschuldigung notwendig, es ist im Gegenteil etwas Positives geschehen. Dafür sollte man sogar mit Lob überschüttet werden. Ich glaube, es ist eine Entschuldigung von uns Kritikern überfällig.

3. Kunstgriff
Es ist nichts passiert, wir zahlen aber trotzdem

Männer entschuldigen sich nicht bei Damen. Was immer sie tun, ist korrekt.

James Clavell

Nicht immer hat man das Stehvermögen, Forderungen nach einer Entschuldigung zu ignorieren. Dazu gehört nämlich Nervenstärke, die beim Fokus auf die wirklich wichtigen Dinge fehlt. Oder die den Fokus der falschen Personen wegen der falschen Dinge auf einen selbst lenkt. Um dem vorzubeugen, eignet sich das Mittel des außergerichtlichen Vergleichs. Dieser ist speziell in den USA beliebt und kann ein lästiges Problem auf legale Weise verschwinden lassen, ohne es größer werden zu lassen und ohne die Schuld eingestehen zu müssen.

Wie läuft das üblicherweise ab? Irgendjemand kommt mit irgendeinem Vorwand, um einem das Leben schwer zu machen. Ein paar absolut fiktive Beispiele illustrieren das auf schöne Weise: Vielleicht hat man eine Software installiert, die lästige Bestimmungen zu Abgasmessungen umgeht, oder auch jemanden entlassen, weil diese

Person sexuelle Belästigung durch einen Vorgesetzten oder Präsidentschaftskandidaten öffentlich gemacht hat.

Man sieht schon, völlig harmlose Begebenheiten, die nicht der Rede oder der Aufmerksamkeit wert sind. Es ist ja eigentlich niemand zu Schaden gekommen. Wozu also die Aufregung? Insofern erscheinen eine Klage und das damit verbundene Gerichtsverfahren, das man ohne Zweifel ohnehin gewinnen würde, ungünstig. Das anhaltende Medieninteresse ist nur störend. Zum Glück gibt es ein legales Mittel, um hier rasch und endgültig vorzugehen. Man nennt es das Schweigege..., Pardon, den außergerichtlichen Vergleich. Man setzt sich zusammen, löst das beinahe freundschaftlich, indem man ein paar Bündel Geld rüberschiebt, eine Verschwiegenheitsklausel unterschreibt, sich die Hände schüttelt und von nun an darüber schweigt, bis der Tod einen scheidet.

Im typischen Rechtsdeutsch bleibt man kurz und knapp und verkündet Sätze wie: „Die beteiligten Parteien einigen sich auf einen Vergleich, ohne dass die zahlende Partei eine Haftung oder Schuld anerkennt." Und man kann so weitermachen wie vorher, der natürliche Kreislauf rotiert ungestört weiter.

4. Kunstgriff
Es ist nichts passiert – und reagiere empört auf die Anschuldigungen

Wenn eine Entschuldigung einen Ersatz für minderwertige Arbeit darstellt, verbessern Menschen ihre Fähigkeiten drastisch, sich zu entschuldigen, und lassen den Drang oder die Notwendigkeit, ihre arbeitsbezogenen Fähigkeiten zu verbessern, hinter sich.

Shahenshah Hafeez Khan

Der Job als Zusteller kann ganz schön stressig sein. Die Kunden heutzutage erwarten eine zügige Lieferung ihrer Bestellungen. Und das egal bei welchem Wetter oder ob es während einer Pandemie ist. Auch verkürzen sich die Zustellzeiten dramatisch. Waren es früher noch Tage und Wochen, wenn man beim Versandhaus bestellt hat, so stellen Onlineplattformen manche Bestellungen noch in derselben Stunde zu. Somit ist wenig verwunderlich, dass die Zusteller ganz schön ins Schwitzen kommen – und in ihren Lieferfahrzeugen Flaschen mit „köstlichen" Flüssigkeiten mitfahren.

Diese Flaschen enthalten keine Limonade oder Wasser, sondern eine ganz andere Flüssigkeit aus einem ganz anderen Stadium des menschlichen Kreislaufs. Es handelt sich um Urin. Nämlich den Urin, den die Zusteller aus Zeitmangel wegen der straffen Zeitpläne in Flaschen pinkeln, anstatt die Toilette aufzusuchen. Als Amazon vom amerikanischen Kongressabgeordneten Mark Pocan darauf angesprochen wurde, reagierte das Unternehmen zuerst einmal unwirsch und leugnete dies:[26]

> *Sie glauben doch nicht wirklich an die Sache mit dem Pinkeln in Flaschen, oder? Wenn das wahr wäre, würde niemand für uns arbeiten. Die Wahrheit ist, dass wir über eine Million unglaubliche Mitarbeiter auf der ganzen Welt haben, die stolz auf das sind, was sie tun, und die vom ersten Tag an großartige Löhne und Gesundheitsvorsorge haben.*

Ist doch ganz klar, dass Amazon empört ist, wo das Unternehmen so viel für die Mitarbeiter macht. Die Kritik ist völlig fehl am Platz. Noch dazu, wenn sie von jemanden kommt, der die eigentliche Schuld an der ganzen Misere der schlechten Arbeitsbedingungen trägt. Anstatt das Unternehmen zu kritisieren, sollte der Kongressabgeordnete es lieber als leuchtendes Vorbild für die Gesetzgebung heranziehen und seine Maßnahmen in Gesetzesform gießen. Zum Wohle aller Bewohner des Landes.

Wir hoffen, dass Sie Maßnahmen ergreifen können, die andere Arbeitgeber dazu bringen, das anzubieten, was wir bereits tun.

Wir treffen später nochmals auf diesen Schlagabtausch zwischen Amazon und dem Kongressabgeordneten, weil sich – oh wie peinlich – die Anschuldigungen als zutreffend herausstellten. Wie ging Amazon damit um? Mit dem 18. Kunstgriff: Es ist passiert, aber die anderen machen das doch auch so, der das eigene Verhalten entschuldigt, indem man darauf hinweist, dass es andere doch auch tun. Nämlich das Pinkeln in Flaschen.

Je öfter und felsenfester darauf gepocht wird, dass nichts passiert sei, umso glaubwürdiger wird es. Vor allem die Empörung wegen der Vorwürfe muss angemessen sein. Sie kann nie stark und oft genug vorgebracht werden. Eine Unwahrheit muss nur so oft wiederholt werden, bis man sie glaubt.

Kategorie II – Es ist etwas passiert

Je länger die Ausrede, desto weniger ist sie wahr.

Robert Half

Wir kennen sie alle. Diese Neider, die nichts anderes zu tun haben, als ihre wertvolle Lebenszeit aufzuwenden und vermeintliche Beweise zu sammeln oder zu erfinden, um viel beschäftigte und ehrlich Arbeitende aus der Bahn zu werfen. Wer viel macht, macht auch viel falsch. Na und?

Was machen ein umtriebiger Manager oder ein um das Wohl des Volkes besorgter Politiker, wenn nun solche Neider Beweise für angebliches Fehlverhalten vorlegen, die man nicht mehr so einfach vom

Tisch wischen kann? Ganz einfach: Man gibt es zu! „Wie? Zugeben?“, werden sich nun einige Leserinnen und Leser fragen. Ja, manchmal reicht bereits die Flucht nach vorn. So kann der grundlos Beschuldigte die Kontrolle wieder übernehmen. Die Kunst ist, das Geschehen in einen Zusammenhang zu setzen, der auch dem doofsten und gemeinsten Neider verständlich wird. Und wie das geschickt getan wird, behandeln wir anhand einiger anschaulicher Beispiele auf den folgenden Seiten.

5. Kunstgriff
Es ist passiert, aber nicht mir

Als ich die Konsequenzen meines Handelns erkannte, warf ich einen langen, strengen Blick nach innen und versuchte, die Wahrheit dahinter zu finden, warum es eigentlich nicht meine Schuld war.

Male Comedian Apologises[27]

„Es wurden Fehler gemacht, aber nicht von uns. Es wird der Sache nachgegangen und bei Bedarf werden entsprechende Änderungen vorgenommen.“[28]

Wer soll es einem übel nehmen, wenn die Suche nach Schuldigen nicht so einfach ist? In Organisationen mit vielen Mitarbeitern ist es wie bei Aschenputtel: Es gibt gute und es gibt schlechte Erbsen. Manche zählen die Erbsen ganz genau, dafür langsam, und andere überschlagsmäßig, dafür aber schnell. Manchen ist aber kein Weg recht. Wenn etwas getan wird, passieren Fehler. Es ist nicht einmal gesagt, dass keine Fehler geschehen, wenn nichts gemacht wird. Dann geschehen einfach Fehler, die durch Unterlassung verursacht werden. Welchen Sinn macht es also, Schuldige auszumachen? Die Taktik, zuzugeben, dass Fehler zwar geschehen sind, aber gleichzeitig auch ohne Verschulden „unsererseits“ oder gar „meinerseits“ und in Kombination mit einem vagen Versprechen, dass Gegenmaßnahmen ergriffen werden, sollte alle Wogen glätten.

Wie sieht das in der Praxis aus? Eine Pandemie, die außer Kontrolle geraten ist, könnten führende Politiker mit dem Satz „Uns ist das Ding entglitten" eingestehen und gleich darauf Maßnahmen versprechen, aber diese ganz vage halten: „Wir müssen noch strenger werden."[29] Man erkennt, dass hier keine Entschuldigung vorliegt. Wie denn auch? Man käme ja gar nicht mit dem ständigen Bitten um Vergebung nach.

Die britische Supermarktkette Tesco wurde 2021 zu 7,5 Millionen Pfund (8,7 Millionen Euro) Strafe verurteilt, weil sie abgelaufene Ware in den Regalen angeboten hatte. Lebensmittelprüfer fanden bei 42 von 67 Proben ein abgelaufenes Haltbarkeitsdatum. Tescos Anwalt Ian McDonald meinte zur Verurteilung:[30]

> *Man geht davon aus, dass es sich um ein systematisches Problem handelt, aber es ist angemessener, diese Vorfälle als Einzelfälle in diesen Filialen zu behandeln. […] Tesco nimmt die Lebensmittelsicherheit sehr ernst und verfügt über Verfahren, die sicherstellen, dass veraltete Produkte nicht zum Verkauf angeboten werden. Tesco entschuldigt sich für die in diesem Fall gemachten Fehler.*

Nicht „wir gehen davon aus", sondern das distanzierte, unpersönliche „man geht davon aus" zeigt schon, dass es zwar passiert ist, aber nicht uns. Auch nehme Tesco das sehr ernst und habe Verfahren, die die Sicherheit sicherstellen. Nur: Was hilft das beste Verfahren, wenn es niemand anwendet?

Ein Firmensprecher fügte hinzu:

> *Wir sind enttäuscht, dass 2016/17 in drei Filialen eine kleine Anzahl veralteter Produkte zum Verkauf angeboten wurde. Die Sicherheit unserer Kunden hat immer Priorität und diese Vorfälle sind nicht repräsentativ für die hohen Sicherheits- und Qualitätsstandards, die wir in Tesco-Filialen erwarten.*

Elegant wurde hier die Klippe umschifft, sich bei den Kunden zu entschuldigen. Das Problem wird relativiert: „Drei Filialen“ werden zu einer „kleinen Anzahl“. Lieber redet Tesco über die eigenen Gefühle („Wir sind enttäuscht …“) und seinen eigenen Ruf im Angesicht der Standards, „die wir in Tesco-Filialen erwarten“. Da hat man Tesco selbst auf allen Ebenen enttäuscht und hängen gelassen. Was ist mit den Kunden? Wer bitte? Nicht einmal ein Nebengedanke, dass diese durch verdorbene Ware Unpässlichkeiten hätten erleiden können und wenn schon nicht das Zeitliche hätten segnen, so doch hätten erkranken können.

> *Wir haben sofort Maßnahmen ergriffen, um dieses Problem zu beheben, und wir möchten unseren Kunden versichern, dass wir über robuste Verfahren verfügen, die sicherstellen, dass so etwas nicht mehr vorkommt.*

Auch dieser letzte Satz des Firmensprechers lässt Kunden unschlüssig zurück, welche Maßnahmen für welches Problem hier genau angesprochen werden. Dass Tesco sich nicht mehr erwischen und verurteilen lassen wird? Oder dass man Wege finden wird, das Haltbarkeitsdatum zu ändern?

Solche vagen Worte haben Konsequenzen. Niemand weiß das besser als unser Kulturkreis. Wenn Politiker mit einer versteckten Agenda jahrelang die Rechtmäßigkeit oder Unabhängigkeit von Institutionen wie der Justiz oder eine demokratisch gewählte Volksvertretung öffentlich infrage stellen und Letztere beispielsweise als „Quatschbude“ titulieren oder andere Menschen als „Untermenschen“ bezeichnen, dann ist der Grundstein für den eigenen Vorteil gelegt – zum oft tödlichen Nachteil der so abfällig bezeichneten Institutionen und Menschen.

Diese Erfahrung machen die Amerikaner, die nach vier Jahren Präsident Trump und seiner „einfallsreichen“ Wortwahl Angriffe gegen Minderheiten erleben. Nicht, dass man aus der Vergangenheit etwa lernen konnte. Wer kommt denn auf solche Ideen? Umso peinlicher wird es, wenn man mit seinen eigenen Aussagen konfrontiert wird. So ging es der ältesten Tochter des ehemaligen US-Senators John McCain, die als Gastgeberin der Fernsehshow „The View“ einige Bekanntheit genießt und dort konservative Ansichten vertritt. Über einen der vielen Amokläufe, der acht Menschen das Leben gekostet und sich gegen Asiaten gerichtet hatte, twitterte McCain sichtbar betroffen „STOP ASIAN HATE“ mit drei gebrochenen Herzchen-Emojis.[31] Der britische Kabarettist und Moderator John Oliver verwies auf einen Clip aus ihrer eigenen Show, in der sie Trumps Wortwahl zum Coronavirus unterstützt hatte. Trump pflegte das Virus als „Kung Flu“, „China Virus“ oder „Wuhan Virus“ zu bezeichnen und schürte somit antiasiatische Ressentiments. Auf Twitter postete sie daraufhin eine Entschuldigung.[32]

> *Ich verurteile die verwerfliche Gewalt und das Gift, die gegen die asiatisch-amerikanische Gemeinschaft gerichtet war. Es besteht kein Zweifel, dass Donald Trumps rassistische Rhetorik viele dieser Angriffe angeheizt hat, und ich entschuldige mich für alle vergangenen Kommentare, die diese Agenda unterstützt haben.*

Eine elegante Form, sich für alle vergangenen Kommentare zu entschuldigen, die aber mit keinem Wort spezifiziert, dass McCain selbst die Kommentare getätigt hatte. Hätte sie es zugegeben, dann hätte sie ein kleines, aber wichtiges Wort ausgetauscht. Statt

> *... und ich entschuldige mich für ALLE vergangenen Kommentare, die diese Agenda unterstützt haben.*

wäre die Wortwahl

> *... und ich entschuldige mich für MEINE vergangenen Kommentare, die diese Agenda unterstützt haben.*

ein Eingeständnis eigener Schuld gewesen. Worte haben Konsequenzen, aber nicht meine Worte.

6. Kunstgriff
Es ist passiert, aber aus gutem Grund

Ich habe um mancher guten Entschuldigung willen gesündigt; darum wird mir verziehen werden.

Karl Kraus

Gestehen wir es uns doch ein: Auch uns ist schon einmal herausgerutscht, dass diese Person „verrückt“ oder „abstoßend“ oder eine „fucking bitch“ („verdammte Schlampe“) ist. Mit anderen Worten: eine absolut volksnahe Wortwahl, die gerade bei Volksvertretern Nähe zu den Wählern, deren Umgangsformen und Brauchtum kommuniziert. Es ist insofern wenig verständlich, warum man sich dafür entschuldigen muss. Vor allem, weil es nicht im ehrwürdigen Sitzungssaal geschah, sondern auf dem Flur, ja eigentlich schon fast außerhalb des Parlaments. So musste sich der amerikanische Abgeordnete der republikanischen Partei Ted Yoho aus Florida gefühlt haben, als er sich völlig unerwartet für seine Diskussion mit der demokratischen New Yorker Kongressabgeordneten Alexandria Ocasio-Cortez verantworten musste.[33] Abgesehen davon, dass es nie „passiert war“ und er nie solche beleidigenden Worte in den Mund genommen hatte, wie er in einem Statement bekannt gab, so solle bitte Ocasio-Cortez nicht so tun, als ob sie solche Worte nicht gewohnt sei. Immerhin stamme sie doch aus New York City und man wisse doch, welch raues Pflaster das sei. Auch wenn es nicht passiert sei, so sei es doch aus gutem Grund geschehen und damit schon irgendwie gerechtfertigt, stellte Yoho klar. Ihn habe eine Aussage der demokratischen Kongressabgeordneten irritiert: „Kriminalität ist ein Problem einer kranken Gesellschaft, die ihre Randgruppen vernachlässigt.“ („Crime is a problem of a diseased society, which neglects its marginalized people.“) Wie, gemäß Yoho, könne eine dahergelaufene Abgeordnete aus New York behaupten, Armut und Arbeitslosigkeit bedingten Verbrechen? Es müsse doch für alle offensichtlich sein, dass die Erregung aufgrund einer solchen Pauschalisierung gerechtfertigt sei. Ein Meisterstück der Nicht-Entschuldigung, indem man widerwillig zugibt, dass etwas passiert ist, aber aus gutem Grund. Die gesamte Rede Yohos vor dem Kongress zwei Tage nach dem Vorfall ist übrigens ein Lehrstück in dieser Kunst, die noch weitere Kunstgriffe anwendet, die wir noch behandeln werden.

7. Kunstgriff
Es ist passiert, aber es war ein Versehen

Es gibt kaum etwas Schlimmeres, als wenn die Person, bei der man sich entschuldigen möchte, gerade auf Ihrem Zimmer tollen Sex hat.

Thomm Quackenbusch

Der Salzburger Plagiatsjäger Stefan Weber hat es zu seinem Beruf gemacht, Dissertationen, Master- und Diplomarbeiten sowie wissenschaftliche Veröffentlichungen auf Stellen zu untersuchen, die offensichtlich aus anderen Quellen stammen, allerdings ohne eine lästige Quellenangabe. Er sucht nach Plagiaten, jene mit Copy-and-paste-Stellen übersäten schriftlichen Arbeiten von Menschen, die nach einem akademischen Titel lechzen, aber weder Zeit noch Gehirnschmalz dafür aufwenden wollen oder können. Wenn man den Doktortitel nicht durch eigene Arbeit erhalten kann, dann doch durch „Promotion durch Plagiat". Damit ist aber ein gewisses Risiko verbunden. Es gibt Menschen, denen das gar nicht gefällt. Zuerst einmal den Plagiierten, von denen man großzügig Texte entliehen hat – und jemandem wie Stefan Weber, der mit seiner Suche nach Plagiaten wohl den unlauteren Zweck verfolgt, Kohle zu machen.

Weber ist ein gebranntes Kind. Er stieß 2005 auf seine Berufung, als er entdeckte, dass ein deutscher Theologe und Informatiker die Hälfte von Webers Dissertation in seiner eigenen ohne Quellenangaben wiederverwertet hatte. Eine nähere Beschäftigung mit dem Phänomen enthüllte rasch, dass die Promotion durch Plagiat leider häufiger anzutreffen ist.

Das VroniPlag-Wiki und Stefan Weber auf seiner eigenen Website bieten eine Übersicht über eine Reihe von plagiierten Arbeiten.[34] Weber selbst führt eine kleine Liste an Ausreden, die die Ertappten vorgebracht hatten, wie es zu diesem – immer versehentlichen – Irrtum kommen konnte. Sie entspricht dem akademischen Äquivalent von „Mein Hund hat die Hausaufgaben gefressen!" Die Ausreden der „abschreibenden Zunft", wie Weber es süffisant formuliert, lassen es an Einfallsreichtum nicht mangeln.[35] Wie anders stünden die Protagonisten wohl da, wenn sie diesen Ideenreichtum in eine ehrliche wissenschaftliche Arbeit gesteckt hätten?

Eines der prominentesten „Opfer" von Plagiatsjägern wurde Karl-Theodor zu Guttenberg, der als Verteidigungsminister zurücktreten musste, als seine Dissertation als Plagiat enthüllt worden war. Der Rücktritt geschah ohne Entschuldigung für diese Verfehlung. Er verschwand vorübergehend sang- und klanglos, ein Kunstgriff, der später noch beschrieben wird (19. Kunstgriff: Es ist passiert, aber mach dich aus dem Staub). Seine chaotische Arbeitsweise, so zu Guttenberg, habe dazu geführt, dass er den Überblick über seine „80 Disketten" verloren habe und so sich die Arbeiten anderer daruntergeschummelt hatten.[36] Diese heimtückischen anderen Arbeiten! Ebensolche „Diskettenprobleme" hatte Hubert Biedermann von der Montanuniversität in Leoben vorgebracht, die zu einem „elektronischen Versehen" geführt hatten.[37] Ein erfolgreicher Konter, denn die Montanuni beließ ihn auf seinem Posten als Rektor der Uni.

Manchmal wird angeführt, dass handschriftliche „Konvolute" bezeugen würden, dass da nichts plagiiert worden war – eine erfolgreiche Taktik, die dem konservativen österreichischen Politiker Johannes Hahn eine vorzeitige Postenabgabe als EU-Kommissar ersparte. Eine Sachverständigenkommission sprach ihn sogar frei, denn damals, als er seine Arbeit geschrieben hatte, seien die Standards einfach andere gewesen.[38] Es ist übrigens eine oft vorgebrachte Ausrede, dass Zitierregeln anders gewesen seien. Gern werden auch Kleinkinder, Mehrfachbelastungen mit Familie und Beruf oder sogar Schwangerschaften als Ausreden vorgebracht. Eine Ausrede ist sogar noch effektiver, wenn sie nicht vom Beschuldigten, sondern von Unterstützern vorgebracht wird.

Auch Vergewaltigungen können „aus Versehen" geschehen. Und das geschieht häufiger als gedacht. Ein junger Mann half einer noch jüngeren Frau aus einer misslichen Lage, als ihr nach einem Abend mit viel Hochprozentigem schlecht geworden war. Er bot der Jungfrau in Nöten an, bei ihm zu Hause in Rochester in der englischen Grafschaft Kent zu übernachten, bis sie sich wieder besser fühlen würde. Als die 24-Jährige in der Früh aufwachte, wer lag da in einer kompromittierenden Lage auf ihr? Der 31-jährige Samariter und Helfer. Ihren Zorn konnte er sich nicht erklären, war er doch frühmorgens auf dem Weg zum Badezimmer gestolpert und nackt auf ihr gelandet.[39] Auch für seine DNA-Spuren auf und in ihr hatte er einleuchtende Erklärungen. Er hatte ihr zum Übernachten seine Shorts gegeben, von denen diese stammen konnten. Was Fragen über Fragen aufwirft: Bewahrt er immer Shorts voll mit seinem Samen auf? Wie dringt dieser von den Shorts in den Körper der jungen Dame? Ist das gar das Vagina-Äquivalent des „Arsch frisst Hose"-Syndroms? Ein an Kuriositäten reicher Fall, denn eigentlich sei er mehr an ihrer Freundin, die er schon vorher gevögelt hatte, interessiert gewesen als an der 24-Jährigen. Wie auch immer, was könne er dafür, dass nicht so sehr er, sondern die Beschuldigerin an Sex mit ihm interessiert gewesen sei und die Initiative ergriffen habe? Schlüssige Argumente, die wohl kein Gericht auf der Welt ignorieren kann. Und ich kann nicht ignorieren, dass andere ein viel aufregenderes Leben führen als ich.

Ähnlich wie dem 31-jährigen Samariter erging es einem 46-jährigen saudischen Millionär, der auch solch ein Tollpatsch zu sein scheint.[40] Nach einer durchzechten Nacht lud er eine 24-jährige Bekannte und deren 18-jährige Freundin zu sich nach Hause in sein Londoner Luxusapartment ein, damit sie gemeinsam in Ruhe ihren Rausch ausschlafen konnten. Es sollte keine wirklich ruhige Nacht werden, denn als die 18-Jährige aufwachte, musste sie bemerken, dass ihr Gastgeber sich an ihr intim zu schaffen machte. Was aber – laut ihm – ein Missverständnis gewesen war. Wer denke denn schon klar und durchschaue messerscharf uneindeutige Situationen mit einem Mordskater nach einer hochprozentigen Nacht? Dass er mit seinem Penis in ihr steckte, hatte mehr damit zu tun, dass er als „fragile Person" – so seine Worte vor dem Richter – auf dem Weg zum Badezimmer gestolpert sei. Dabei wolle er nicht ausschließen, dass sein erigierter Penis aus der Unterhose geschaut hätte und beim Sturz direkt in die Vagina der 18-Jährigen „gefallen" sei. Sein Sperma, das man in ihr gefunden und untersucht hatte, musste noch von einer Ejakulation stammen, die er mit der 24-Jährigen unmittelbar vorher erreicht hatte. Der Verteidiger des Opfers fragte den Millionär, ob er „die Angewohnheit habe, ein Mädchen in einem Club kennenzulernen und dann mit ihr nach Hause zu gehen", worauf dieser empört und bestimmt entgegnete: „In meinem Leben ist das nie passiert, ich habe immer Respekt vor Frauen und ich habe selbst eine Schwester." Auf dieses abschließende Argument, dass es nicht so sein könne, weil er selber eine „Schwester habe", werden wir noch im 14. Kunstgriff: Kann gar nicht sein, weil ich auch so (nicht) bin genauer eingehen. Was das Gericht dann letztendlich von seiner Unschuld überzeugte, war folgendes Gegenargument des Beschuldigten: Es sei die junge Frau gewesen, die unbedingt mit ihm, dem virilen 46-jährigen – wenn auch von Allah nicht mit gutem Aussehen gesegneten – Millionär, Sex haben wollte. Sie habe sein Geschlecht in ihrer Lüsternheit ergriffen und er, ganz der Ehrenmann, habe davon nichts wissen wollen und sie zurückgewiesen. Erst diese Beschämung, dass er die sexgeile junge Dame zurückgewiesen hatte, habe sie in ihrem Stolz gekränkt und veranlasst, die Vergewaltigungsvorwürfe zu erheben. Er sei – siehe der noch kommende 13. Kunstgriff: Es ist passiert, aber ich bin das eigentliche Opfer – das wahre Opfer.

8. Kunstgriff
Es ist passiert, aber es war ein Missverständnis

Zu den Aufdringlichsten gehört ein Mensch, der sich rechtfertigt.

Richard von Schaukal

Ist es jemanden von meinen Leserinnen und Lesern auch schon einmal geschehen, dass man ein paar Hundert Leute getötet hat und völlig missverstanden wurde? Nicht etwa, indem die Menschen bei einem von uns verursachten Unglück verstorben sind, sondern indem man sie gezielt aufgesucht und kaltblütig erschossen hat? Ah, ich spüre, dass einige verschämt nicken.

Dann werden wir den Chicagoer Mafiaboss Al Capone besser verstehen, der auch der Meinung war, seine Lebensgeschichte würde falsch wiedergegeben. Warum nur fokussieren sich die Menschen auf diese Umgebrachten? Was stimmt mit den Menschen nicht, die von so etwas fasziniert sind? Für Al Capone war das nur „business as usual", weil sein eigentliches Geschäftsmodell und seine Vision vom Schwarzbrennen bis zur Prostitution soziale Tätigkeiten darstellten:[41]

> *Ich habe den größten Teil meines Lebens damit verbracht, den Leuten leichte Vergnügen zu bereiten, ihnen zu helfen, eine gute Zeit zu haben, und alles, was ich bekomme, sind Beschimpfungen, das Dasein eines Gejagten.*

Selbst wenn man nur eine Person umgebracht hat – was, unter uns gesagt, jedem und jeder passieren kann, denn in so ein Messer läuft man schon einmal schnell hinein –, gibt es keine zwingenden Gründe, sich dafür zu entschuldigen. Weder beim Opfer, das nun ohnehin nichts mehr davon hätte, noch bei den Hinterbliebenen. O. J. Simpson, der nach einem spektakulären Prozess vom Verdacht des Mordes an seiner Exfrau freigesprochen worden war, wurde einige Jahre danach wegen eines anderen Missverständnisses dann doch noch zu einer jahrelangen Haftstrafe verurteilt. Beim Plädoyer vor dem Richter, der ihn wegen der unter vorgehaltener Waffe erzwungenen Herausgabe von Sportmemorabilia in einem Hotel in Las Vegas verurteilen sollte, hatte Simpson noch die Chance, seine Schuld anzuerkennen und Reue zu zeigen. Doch Simpson blieb hart. Es tue ihm leid für seine Taten, sagte er, aber er glaube, er habe nichts Falsches getan. Es ist passiert, aber das Gericht „sitze einem Missverständnis auf", denn es sei „zu Recht" geschehen.

9. Kunstgriff
Es ist etwas ganz anderes passiert

Warum reden die Leute immer noch darüber? Sie haben mich angerempelt, ich sagte „Es tut mir leid", was verrückt ist ... aber egal.

Eisberg, der die Titanic versenkte

Seit hundert Jahren faszinieren uns die Tragödie und die Legenden, die sich um die Titanic drehen. Der schnellste und angeblich unsinkbarste Ozeankreuzer der Welt war auf seiner Jungfernfahrt von Southampton nach New York mit einem Eisberg kollidiert und versank mit mehr als 1.500 Menschen in den kalten Untiefen des Atlantiks. Regelmäßig erscheinen neue Filme, Bücher und Dokumentationen über das Schiff, die Passagiere und das Geschehen. Die Suche nach dem und die Entdeckung des Wracks in 3.700 Metern Tiefe im Jahr 1985 taten dem keinen Abbruch. Ganz im Gegenteil, das Interesse ist so groß wie nie zuvor. Während wir über die Jahre von den Geschehnissen und den Lebensgeschichten der Passagiere und der Crew genug hörten, blieb ein Beteiligter auffällig unbeachtet. Vom Eisberg, der mit der Titanic kollidierte, hörten wir nur wenig. Dank der amerikanischen Comedy-Show „Saturday Night Live" ist dem nun abgeholfen. Der Eisberg, der die Titanic versenkte, war dort endlich zu Gast und erzählte seine Version des Geschehens, das er als Trauma empfindet.[42] Es wäre nämlich alles ganz anders gewesen. In einer sehr emotionalen Rechtfertigung ging er auf die Ereignisse ein und was sie mit ihm gemacht haben. Auch Eisberge haben Gefühle.

> *Erstens: Die sind zu mir gekommen und krachten in mich! Es war Mitternacht, ich war am Chillen. Dann höre ich diese irische Kakophonie hinter mir.*

Dabei imitierte er die Musik, die er hinter sich hörte, und die, wie man aus dem Mienenspiel des Eisbergs erkannte, nicht seinem Geschmack entsprach.

> *Und bevor ich mich umdrehe und sage „Was?", ist mein halber Arsch weg. Und der war mein bestes Stück und ich bin buchstäblich verletzt und alles, worum sich jeder sorgt, ist, dass 40 oder 50 Leute gestorben sind oder was auch immer.*

Dass es 1.500 Tote waren, wie der Moderator korrigierend ergänzte, empfand der Eisberg allerdings als Affront: „Warum attackierst du mich?" Außerdem sei für den Tod der Menschen doch jemand ganz anders verantwortlich gewesen (10. Kunstgriff: Es ist passiert, aber die anderen sind schuld):

> *Was hat die Autopsie ergeben? Sie sind „vereisbergt"? Nein. Sie sind ertrunken, verdammt nochmal! Das bin nicht ich, das ist Wasser. Und niemand kanzelt nun den Ozean ab!*

Somit kennen wir nun die ganze Wahrheit des Eisbergs, der die Titanic versenkte, der aber so auch nicht hieß, worauf er zum Schluss noch pikiert hinwies.

10. Kunstgriff
Es ist passiert, aber die anderen sind schuld

Es ist nicht meine Schuld, dass ich mich ständig entschuldigen muss.

Male Comedian Apologises[43]

Von eisigen Fluten zu eisigen Jahreszeiten. Der Winter kann einem zu schaffen machen. Besonders, wenn der Klimawandel die Temperaturen ins Extreme gleiten lässt. Kommt dann noch hinzu, dass die Energieversorger auf einen solch strengen Winter nicht vorbereitet waren und der Strom ausfällt, dann tut man gut daran, in wärmere Gefilde zu flüchten. Wir wollen es niemanden übelnehmen, wenn sie sich selbst in Sicherheit bringen.

So ging es den Menschen im US-Bundesstaat Texas im Februar 2021, als dort wegen extremer Temperaturen fast ein Drittel der Gas- und Stromversorgung zusammenbrach. Ohne Gas gab es keine Heizung. Ohne Wärme froren die Wasserleitungen ein, die dann platzten und Wohnungen und Häuser überfluteten. Auch Krankenhäuser und Altersheime lagen im kalten Dunkel, Straßen waren vereist und Supermärkte leergeräumt. Mehrere Dutzend Tote und Schäden in Milliardenhöhe waren die Folge. Und das alles, weil die Regierung des Bundesstaates mit einem der größten natürlichen Energievorkommen der USA den Energieversorgern freie Hand gelassen hatte, wie mit Reserven in der Kraftwerkskapazität und der Winterfestmachung der Kraftwerke umzugehen sei.

Darum geht es hier aber gar nicht, sondern um einen Mann, der seine Familie vor dieser Wetterunbill beschützen wollte. Kurzerhand verfrachtete er seine Geliebten und sich selbst an Bord eines Fluges nach Mexiko in die Stadt Cancún, die als beliebter Badeort direkt in der Karibik liegt. Was als angenehmes Aussitzen der Wetterkapriolen gedacht war, wurde medial aufgebauscht, weil dieser Mann Ted Cruz war, der Texas im US-Senat als Senator vertritt. Wie kann man es ihm verübeln, zuerst an seine Familie zu denken – und danach erst an seine Wähler? Bedauerlicherweise zwang ihn die Dynamik, die durch veröffentlichte Bilder von ihm am Flughafen und im Sonnenflieger Fahrt aufgenommen hatte, seinen Urlaub vorzeitig abzubrechen und gleich am nächsten Tag wieder in die Eiseskälte zurückzukehren. Und das bringt uns zu einem Kunstgriff, der in der Erklärung des Senators gewandt eingesetzt wird: Andere, nur nicht ich haben Schuld. Aber lesen wir die Erklärung selbst:[44]

> *Dies war eine wütend machende Woche für die Texaner. Der beste Bundesstaat im besten Land der Welt war ohne Strom. Wir haben Essensschlangen, Benzinschlangen und Menschen, die in den Häusern der Nachbarn schlafen. Unsere Häuser sind eiskalt und die Lichter sind aus. Wie Millionen von Texanern hat auch unsere Familie Wärme und Strom verloren.*
>
> *Da die Schule für diese Woche ausfiel, baten unsere Mädchen darum, einen Ausflug mit Freunden machen zu dürfen. Da ich ein guter Vater sein wollte, flog ich gestern Abend mit ihnen hin und fliege heute Nachmittag zurück. Meine Mitarbeiter und ich stehen in ständigem Kontakt mit staatlichen und lokalen Entscheidungsträgern, um den Ereignissen in Texas auf den Grund zu gehen. Wir wollen, dass unser Strom wieder da ist, unser Wasser läuft und unsere Häuser warm sind. Mein Team und ich werden weiterhin alle unsere Ressourcen nutzen, um die Texaner informiert und sicher zu halten.*

Wer also ist schuld? Richtig, die Töchter. Als guter Vater kann man doch seiner Brut keine Wünsche abschlagen, schon gar nicht, wenn man selber nichts dringlicher möchte, als dieser Kälte in einem stromlosen Land zu entkommen. Er ist kein schlechter Senator, sondern ein guter Vater. Es tut nichts zur Sache, dass man selbst nicht ganz unbeteiligt daran war, dass die laxe Aufsicht des Bundesstaates zu den Problemen mit den Energieversorgern geführt hatte. Dafür lebt man aber im besten Bundesstaat des besten Landes auf dem besten Planeten im besten Universum der Welt. Auch wenn Spötter sofort hinzufügten, dass das Beste, was Senator Cruz machen konnte, gewesen sei, seinen Bundesstaat zu verlassen. Was hätten sein Büro und er schließlich konkret in dieser Notlage ausrichten können? Wie es ging, zeigte ihm die New Yorker Kongressabgeordnete Alexandria Ocasio-Cortez. Sie hatte eigens in ihrem Heimatbundesstaat eine Spendenkampagne für die notleidenden Texaner eingerichtet, mit den eingenommenen Millionen Dollar Hilfsgüter beschafft und vor Ort persönlich verteilt.

Warum dieser Kunstgriff „andere sind schuld" nicht ganz so effektiv gewesen sein mag, liegt vielleicht an den Beschuldigten. Kindern die Schuld zu geben ist immer etwas knifflig. Schon Schauspieler wissen, dass sie nie gegen die Popularität von Kindern und Tieren ankommen können. Erwachsene und Institutionen eignen sich da viel besser als Schuldige. Speziell politische Gegner oder Medien sind willkommene und dankbare Sündenböcke. Apropos ...

11. Kunstgriff
Es ist passiert und hier ist der Sündenbock

Als das Wort „Entschuldigung" erfunden wurde, ging das Ehr- und Schamgefühl flöten.

Griechische Weisheit

Wenn man bäuchlings auf dem Boden liegt, die Hände auf dem Rücken mit Handschellen gefesselt, nur, weil man gerade für einen Einkauf aus seinem Auto gestiegen ist, dann gehen einem sicherlich jede Menge Gedanken durch den Kopf. So musste es der Familie Gilliam in Aurora im US-Bundesstaat Colorado gegangen sein, als die vier afroamerikanischen Mädchen zwischen 6 und 17 Jahren im August 2020 eine geschlagene Viertelstunde auf dem heißen Asphalt in Handschellen zuerst liegen und dann sitzen mussten, während die Polizei Mutter und Tante der Kinder verhörte.

Wir werden lachen, welch dumme Verwechslung dazu geführt hatte. Der automatische Kennzeichenscanner auf den Einsatzfahrzeugen der Polizei hatte ein Kennzeichen eines Fahrzeugs erkannt, das als gestohlen gemeldet worden war. So können dank der modernen Technologie Verbrecher rasch zur Strecke und die Bestohlenen wieder mit ihrem Eigentum zusammengebracht werden. Blöd war nur, dass das Kennzeichen des gestohlenen Vehikels aus Montana war und eigentlich zu einem Motorrad gehörte, während das SUV der vermeintlichen Gauner ein Kennzeichen aus Colorado trug. Eine Diebstahlsmeldung der Familie vom Februar desselben Jahres machte die Sache nicht einfacher: Sie meldete ihr SUV damals als gestohlen, hatte es aber bereits am nächsten Tag wiedergefunden.[45] Gleich zwei Fehler hatten somit zu diesem Missverständnis geführt. Angesichts des Videos, wie die Polizisten mit den Mädchen umgegangen waren, kam die lokale Polizeibehörde ins Kreuzfeuer der Medien. Es blieb ihr nichts anderes übrig, als eine Entschuldigung auszusprechen, nicht allerdings für das Verhalten der Polizisten, sondern um den eigentlichen Sündenbock zu identifizieren: die Kennzeichenkamera (und die Familie, die ihr eigenes Auto vor einem halben Jahr als gestohlen gemeldet hatte).[46]

Was man als rassistisches Vorgehen gegen eine afroamerikanische Familie interpretieren könnte, ist in einem anderen Fall eindeutig rassistisch gegen Asiaten zu werten. Die Stellenanzeige einer Tech-Firma schloss explizit Asiaten aus – was an sich schon verwerflich ist, besonders in der San Francisco Bay Area, in der eine asiatische Minderheit lebt, die üblicherweise für technische Berufe sehr gefragt ist. Die Verwunderung einer asiatischen Bewerberin war daher verständlich. Die

Anzeige ging sofort viral und Aptude, das vorwiegend von Indern geführte Unternehmen, ruderte sogleich zurück.[47]

> *Bitte beachten Sie, dass wir erst am Dienstag auf die Stellenausschreibung aufmerksam gemacht wurden, woraufhin wir sofort Schritte unternommen haben, um sie aus allen Kanälen zu entfernen und zu untersuchen, wie es dazu kam. Unsere Untersuchung ergab, dass die missverständliche Kommunikation von einer Person ohne denkbare diskriminierende Absicht gepostet wurde. Aptude hat Schritte unternommen, um sicherzustellen, dass solche Beiträge in Zukunft nicht mehr vorkommen.*

Wie können diese Leute einen erst so spät, nämlich am Dienstag, darauf aufmerksam machen? Hätten die anderen nur einen Funken Anstand, dann hätten wir früher davon erfahren – sicherlich, bevor die Medien das aufgeschnappt hätten. Das Aptude-Management hat folgerichtig gleich einmal einen nicht näher spezifizierten Sündenbock gefunden: eine Person. Ja klar, genau der war es. Oder die. Oder irgendjemand mit nicht binärer Geschlechtsidentifikation. Das ist hier schließlich San Francisco, wo niemand diskriminiert wird.

> *Wir bedauern diesen Vorfall zutiefst und sind besonders traurig über den Schmerz, den er verursacht hat, und über die daraus resultierende falsche Wahrnehmung unserer Werte. […] Wir hoffen, dass wir an unserer bewährten, vielfältigen Geschichte gemessen werden und dass wir ein Ort sind, der alle willkommen heißt.*

Wir bedauern vor allem, dass wir hier als etwas wahrgenommen werden, was wir nicht sind: Rassisten. Wir haben zwar ein rassistisches Posting gemacht, aber die Wahrnehmung durch andere verdeckt damit unsere wahren Werte. Wir nehmen hier den 14. Kunstgriff: Kann gar nicht sein, weil ich auch so (nicht) bin vorweg.

12. Kunstgriff
Es ist passiert und die anderen nutzen das aus

Jede Rechtfertigung gibt anderen das Recht, einen fertigzumachen.

Elvira Lauscher

Der eigentliche Grund für Entschuldigungen ist nicht etwa, dass wir unsere Differenzen beilegen und uns wieder auf das Wichtige im Leben konzentrieren können, nein, der wahre Grund ist ein ganz trivialer. Als Person des öffentlichen Interesses kennt man das zur Genüge. Es hat mit Politik zu tun. Entweder mit Firmenpolitik oder der echten, also der Politikpolitik.

Dem texanischen Senator Ted Cruz ist das nur zu bewusst. Wir erinnern uns an seinen Trip ins mexikanische Cancún, bei Sonnenschein und milden Temperaturen, genau zu dem Zeitpunkt, als sein Bundesstaat von einem Schneesturm heimgesucht wurde, der zu landesweiten Stromausfällen, zugefrorenen Wasserleitungen und vielen Todesfällen führte? Im Nachhinein erschien sein Trip als politisch unglückliche Aktion.[48]

> *Natürlich, ich verstehe, warum die Leute wütend sind. Hören Sie, wir sind in einer seltsamen Zeit, in der Twitter verrückt geworden ist und die Medien verrückt und es gibt eine Menge Gift und Galle, die, ehrlich gesagt, von beiden Seiten versprüht werden. Ich denke, wir sollten einander mit Respekt und Anstand behandeln und versuchen, uns gegenseitig besser zu verstehen, besonders in einer Zeit der Krise.*

Nicht so schlimm war somit laut Cruz seine Flucht nach Cancún, von der er schon vor Reiseantritt wusste, dass diese vielleicht nicht ganz vernünftig sein würde, und die er als guter Vater nur auf Wunsch seiner Töchter angetreten hatte (siehe auch den 10. Kunstgriff: Es ist passiert, aber die anderen sind schuld). Das eigentlich Empörende ist, dass Twitter, Medien und andere Verrückte das schamlos zum Versprühen von Gift und Galle ausnutzen, um auf seine Kosten ihre eigene Agenda voranzutreiben. Also bitte: Lasst doch dem Mann seine Ruhe. Nach einem anstrengenden Jahr im Senat, wo er alles ablehnte, was auch nur irgendwie zum Schutz der Bürger während einer Pandemie Sinn gemacht hätte, soll er plötzlich auch noch im eigenen Bundesstaat daheim arbeiten? Der Mann hat Urlaub verdient, auch von einer von ihm mitverursachten Katastrophe.

13. Kunstgriff
Es ist passiert, aber ich bin das eigentliche Opfer

Es tut mir zutiefst leid für den Schmerz und die Beschämung, die ich meinen Angehörigen zugefügt habe, indem ich Opfer gewählt habe, die sich so gedankenlos äußern würden.

Male Comedian Apologises[49]

Der Kardinal und die schwarzen Köter

Wenn man Herr über viele Schäfchen ist, dann kann es sehr irritierend sein, wenn kläffende Hunde von außen die Ruhe stören und die eigenen Hirtenhunde nicht ihre Arbeit verrichten lassen. Schwarze Schafe sind nicht zu verhindern. Und wenn es diese gibt, dann muss Gott sie so gewollt haben. Was also soll ein einfacher Kardinal da schon machen?

Das muss sich der Kölner Kardinal Rainer Maria Woelki gedacht haben, als er gezwungenermaßen ein Gutachten in Auftrag gab, das sexuelle Gewalt innerhalb des Erzbistums aufklären sollte. Doch dann kam es zu Verzögerungen. Monate nach der Fertigstellung des Berichts lag dieser noch immer unveröffentlicht auf dem Schreibtisch des Kardinals. Dieser, der Kardinal, nicht der Schreibtisch, grübelte wegen des Inhaltes. Enthielt er einige Unannehmlichkeiten und bedurfte dies einer genaueren Untersuchung? Dann endlich, nach Monaten des intensiven Grübelns, gab der Kardinal im Dezember 2020 den März 2021 als Erscheinungstermin an. Was sind schon weitere drei Monate nach zwei Jahren Untersuchung, wenn die katholische Kirche in Dimensionen von Jahrtausenden denkt? Das müssen doch auch die verbohrtesten Kritiker, wahrscheinlich ohnehin alles Heiden oder Pharisäer, verstehen.

Woelki sprach seinen Frust über diese ungerechte Behandlung in der Öffentlichkeit bei der Christmette 2020 aus, weil Kritiker nicht verstehen wollten oder konnten, dass „methodische Mängel" beim Gutachten ausgemerzt werden mussten und somit erst im März des Folgejahres veröffentlicht werden würde. Ohnehin eine Spitzenleistung, berücksichtigt man, dass dies alles während einer Pandemie geschah. Dieses Unbehagen kam aus der Erklärung des Kardinals gegenüber Medien zum Ausdruck – und ehrlich, wer kann es ihm verdenken, dass der Hüter über seine Schäfchen nicht sonderlich erfreut war, nun selbst die Wange hinhalten zu müssen?[50]

> *Was die von sexueller Gewalt Betroffenen und Sie in den letzten Tagen und Wochen vor Weihnachten im Zusammenhang mit dem Umgang des Gutachtens zur Aufarbeitung von sexualisierter Gewalt in unserem Erzbistum, was Sie an der Kritik darüber und insbesondere auch an der Kritik an meiner Person ertragen mussten – für all das bitte ich Sie um Verzeihung.*

Es ist ja selbst für jeden, der nicht sehen möchte und blind glaubt, offensichtlich. Die Betroffenen des sexuellen Missbrauchs durch Kirchenvertreter sind nicht die Missbrauchsopfer selbst – also Kinder in der Obhut der Kirche –, sondern zuerst einmal die Schäfchen, die davon nichts wussten und nun mit ansehen müssen, wie ihr Hirte – der Kardinal – zum Opfer ungerechtfertigter Vorwürfe und Kritik wird. Aber nicht nur die, die das Leiden dieses Vertreters Christi auf Erden mit ansehen müssen, sind Opfer, es gebe noch weitere, wie Woelki hinzufügte:

> *Er bat auch Priester und alle in der Gemeinde Engagierten um Entschuldigung, dass sie ebenfalls von der Kritik getroffen würden, obwohl sich diese an das Erzbistum richteten – und vor allem an ihn selbst persönlich.*

So viele Opfer wegen ein paar schwarzen Schafen. Wer hat da noch Zeit, missbrauchte Kinder zu bemitleiden? Ein bisschen stimmte noch immer etwas mit der Feinabstimmung der Entschuldigung nicht, deshalb gab es in der Folge gleich eine Entschuldigung der Entschuldigung:[51]

> *Der Kölner Kardinal Rainer Maria Woelki hat Fehler bei der Aufarbeitung von Missbrauchsvergehen und in der Krisenkommunikation der vergangenen Wochen eingeräumt. „Da habe ich auch Schuld auf mich geladen. Das tut mir von Herzen leid", sagte der Erzbischof in einer Videobotschaft. „Es ging und es geht mir um konsequente Aufarbeitung."*

Die Fehler passierten nicht bei Versäumnissen der Aufsichtspflicht und Personalpolitik der katholischen Kirche, die zum Missbrauch Minderjähriger geführt hatten, sondern bei der Aufarbeitung und der Krisenkommunikation.

Es überrascht nicht, dass aufgrund dieser Entschuldigung die Kirche wiederum zum Opfer wird. Viel zu viele Menschen wollten nun aus der katholischen Kirche austreten und brachten damit die Server für die Anmeldung zu den Austrittsterminen zum Zusammenbruch.[52]

Eine Ministerin „wissenschaftet"

„Annahmen sind wie Seepocken" ist nicht unbedingt eine Metapher, die man in wissenschaftlichen Publikationen erwartet oder gar von einer Ministerin hört, aber genau solche Poesie wählte die ÖVP-Politikerin und Arbeitsministerin Dr. Mag. Christine Aschbacher für ihre Dissertation, Diplomarbeit und wissenschaftlichen Publikationen. Sie wurden publik, als der bereits erwähnte Plagiatsjäger Stefan Weber begonnen hatte, ihre Werke nach Stellen zu durchsuchen, die ihren Ursprung aus Werken heimischer und internationaler Wissenschaftsliteratur haben könnten. Die einfach nur kopierten Passagen waren leicht zu identifizieren. Sie machten nämlich Sinn. Die augenscheinlich durch ein Übersetzungswerkzeug gejagten Absätze riefen manchmal Stirnrunzeln hervor, weil sie ungewöhnliche Metaphern enthielten. Doch die von der Arbeitsministerin selbst verfassten Passagen waren noch rascher zu erkennen. Diese Stellen waren nämlich so belanglos und seicht, voll von unverständlichem Kauderwelsch und generell so schlecht, dass sie schon wieder Kult werden könnten.

Wie ihre Arbeiten, so klangen auch die Pressekonferenzen der Ministerin: Aschbacher wiederholte in ihren öffentlichen Auftritten mechanisch abgehackt scheinbar auswendig gelernte Erklärungen mehrmals und ging bei Nachfragen der TV-Nachrichtensprecher nie auf die gestellten Fragen ein. Wie auch immer wir die Poesie ihrer wissenschaftlichen Arbeiten und ihre Redekunst bewerten, kulturlose Banausen machten ihr am Ende die Arbeit so schwer, dass sie sich gezwungen sah, von ihrem Posten zurückzutreten. Anschließend begann das Verfahren, ihre Titel abzuerkennen. Aber lesen wir die Presseerklärung der ehemaligen Ministerin selbst im Wortlaut:[53]

> *Wien (OTS) – Die Aufgabe in der Bundesregierung als Ministerin für Arbeit, Familie und Jugend hat mich zutiefst erfüllt. Meine Arbeit als Ministerin habe ich mit vollem Einsatz für dieses Land geleistet und mit meinem Team das Beste gegeben.*

Meine Arbeiten zur Erlangung akademischer Grade habe ich stets nach bestem Wissen und Gewissen verfasst und der Beurteilung durch anerkannte Professoren vertraut. Alle jetzt erhobenen Vorwürfe, ich hätte die Arbeit während meiner Amtszeit als Ministerin verfasst und ich hätte vorsätzlich plagiiert, sind Unterstellungen und weise ich zurück. Diese Arbeiten werden von den jeweiligen Instituten, wie bei jedem anderen auch, auf üblichem Weg geprüft. Ein solches faires Verfahren steht jedem in diesem Land zu. So wie es bereits anderen, etwa Thomas Drozda, Johannes Hahn oder Bogdan Roscic und anderen zugestanden wurde.

Meine Familie und ich erleben aber, dass die Medien und die politischen Mitstreiter mir dieses faire Verfahren der Überprüfung nicht zugestehen und mich medial in unvorstellbarer Weise vorverurteilen.

Die Anfeindungen, die politische Aufgeregtheit und die Untergriffe entladen sich leider nicht nur auf mich, sondern auch auf meine Kinder, und das mit unerträglicher Wucht. Das kann ich zum Schutz meiner Familie nicht weiter zulassen. Aus diesem Grund lege ich mein Amt zurück. Darüber habe ich heute Bundeskanzler Sebastian Kurz in einem persönlichen Gespräch informiert.

Ich danke herzlich meinen Kolleginnen und Kollegen in der Bundesregierung und meinen Mitarbeiterinnen und Mitarbeitern in meinem Kabinett, dem Ministerium mit den Arbeitsinspektoraten, dem AMS und dem IEF, sowie der FBG für die hervorragende Teamarbeit in dieser herausfordernden Krisenzeit.

Ich bin überzeugt, dass sie weiter für dieses wunderschöne Land und seine Menschen ihr Bestes geben und wünsche dabei viel Glück.

Ihre Christine Aschbacher

Es freut uns, dass ihre Arbeit sie erfüllt hat. Wobei sie vermutlich ein anderes Verständnis von Arbeit hat als wir. Zeilen aus den schriftlichen Werken anderer zu kopieren und in die eigene Arbeit einzufügen ist weniger eigene als die Arbeit anderer. So könnte auch ihre Arbeit im Ministerium ausgesehen haben: Die Mitarbeiterinnen und Mitarbeiter arbeiteten, die Ministerin kümmerte sich währenddessen um ihr akademisches Weiterkommen. Denn gerade als die Corona-Pandemie wütete, hatte sie ihre Dissertation fertiggestellt und dann auch verteidigt. Dass ihre Arbeit nun auf diese Weise schlechtgemacht wird, trifft sie hart. Speziell, weil sie sich nichts vorzuwerfen hat und nun im Kreuzfeuer der Kritik steht. Der Kunstgriff hier ist, dass sie ihre Familie vorschiebt, die nun aufgrund der unberechtigten Kritik an ihrer Person das Ziel der Kritiker wird. Die „politische Aufgeregtheit und die Untergriffe" hätten sich „auf meine Kinder" entladen. Nicht die Plagiierten oder etwa die Steuerzahler, die einer nicht-qualifizierten Person ein Ministergehalt bezahlten und während einer Pandemie kompetente Arbeit erwartet hatten, waren die Opfer, nein, es war die Ministerin. Die Täterin wurde zum Opfer, die Opfer zu Tätern.

Was hat es übrigens mit den Seepocken auf sich? Diese stammten aus einem *Forbes*-Artikel über Leadership Skills, geschrieben vom amerikanischen Leadership-Experten Robert Tucker, der im kalifornischen Santa Barbara an der Pazifikküste wohnt und dem deshalb solche Analogien leicht von der Zunge gehen:[54]

Assumptions are like barnacles on the side of a boat; they slow us down.

Ein Leben ohne Pferderennen

Krabben in Öl sind nur dann appetitlich, wenn sie in der Bratpfanne sind. Krabben in Öl, das im Golf von Mexiko aus der Deepwater Horizon monatelang ins Meer strömte, waren weniger genießbar. Wenn die Anwohner der Küstenstaaten ihre Jobs verlieren und die ganze Unterwasserfauna und -flora kippt, dann hat man eine echte Krise. So verloren Fischer, Hoteliers und Restaurantbetreiber beispielsweise ihre Lebensgrundlage. Wie schwer muss es dann dem Chef des Ölkonzerns BP ergangen sein, der monatelang seine geliebten Pferderennen und Jachtausflüge nicht mehr uneingeschränkt genießen konnte, nur weil am anderen Ende der Welt ein bisschen Öl auslief? Medien und die US-Regierung forderten ihn auf, endlich das Leck zu schließen, und Investoren waren pikiert, weil die Werte ihrer Aktienpakete in den Keller rauschten und Dutzende Milliarden für die Aufräumarbeiten beiseitegelegt werden mussten. Das war es mit den wohlverdienten und für die nächste Jacht fest eingeplanten Dividenden – und zerrte verständlicherweise an den Nerven von Tony Hayward, dem damaligen obersten BP-Chef, der sich zu einer Entschuldigung aufraffte, nur um sich gleich wieder für seine Entschuldigung zu entschuldigen. Was hatte Hayward gesagt? Etwas sehr Ehrliches:[55]

> *Wir entschuldigen uns für die massive Störung, die es in Ihrem Leben verursacht hat. Es gibt niemanden, der sich mehr wünscht, dass das vorbei ist, als ich. Ich hätte gern mein Leben zurück.*

Er sei genauso Opfer wie alle anderen. Sein Leben sei auf den Kopf gestellt worden. Was sind schon Gesundheitsschäden, der Verlust des Arbeitsplatzes oder des mühsam aufgebauten eigenen Unternehmens, wenn Hayward es doch schlimmer getroffen hatte. Kein entspannter Tag auf der Pferderennbahn, kein Blick auf das Meer von seiner Jacht, ohne dass ihm sofort der Ölteppich im Golf von Mexiko in den Sinn kommt.

Die Royals weinen

Zwischen Briten und Amerikanern kam es auch Jahre später an prominenter Stelle zu gewissen Unstimmigkeiten – und es betraf die königliche Familie. In einem Interview mit der Showgröße Oprah Winfrey berichteten die in den USA lebenden Royals, Herzog Harry und seine Frau Meghan Markle, von den Gründen für ihren Bruch mit der Royal Family. Gerüchten zufolge soll Meghan ihre zukünftige Schwägerin Kate Middleton durch eine beleidigende Äußerung zum Weinen gebracht haben. Meghan und Harry korrigierten das und sagten, genau das Gegenteil sei der Fall gewesen, doch habe Meghan eine Entschuldigung von Kate erhalten und ihr vergeben. Und wie reagierten Prinz William und Kate? Weder verneinten sie noch bestätigten sie die Gerüchte aus dem Oprah-Interview, sie fühlten sich nun aber „traurig, enttäuscht und verletzt" und auch „im Stich gelassen". Mit anderen Worten: Die eigentlichen Opfer sind wir und nicht die weinerliche Meghan.[56]

Ich selbst mag es ja fast gar nicht glauben. Habe ich doch tatsächlich Klatsch über die britische Königsfamilie in einem meiner Bücher untergebracht, anstatt ihn den üblichen Klatschblättern zu überlassen. Werde ich mich dafür entschuldigen? Warum sollte ich? Die Geschichte zwingt mich dazu (30. Kunstgriff: Man zwingt mich dazu).

14. Kunstgriff
Kann gar nicht sein, weil ich auch so (nicht) bin

Das Einzige, was man einer Frau niemals antun sollte, egal ob man mit ihr schläft oder sie vögelt, ist, sich direkt danach zu entschuldigen.

Dianna Hardy

Wie schon im 6. Kunstgriff erwähnt, musste sich der republikanische Kongressabgeordnete Ted Yoho wegen verbaler Entgleisungen gegenüber der demokratischen Abgeordneten Alexandria Ocasio-Cortez entschuldigen. Irgendwie war seiner Wortwahl in den Medien, die ohnehin solche Dinge immer unnötig aufbauschen, für seinen Geschmack zu viel Beachtung geschenkt worden. Er stellte dabei klar, dass er gar nicht so jemand sei, der Frauen beleidigen würde. Abgesehen von der Leidenschaft, die ihn übermannte und somit gerechtfertigtem Zorn entsprang, habe er selbst eine Frau und zwei Töchter. Quod erat demonstrandum! Welchem Mann, der Frau und Töchter hat, käme es je in den Sinn, eine Frau zu beleidigen? Eben! Nahm ihm AAC, das Ziel seiner Fluchtirade, diese Entschuldigung ab? Man würde meinen, Einwohner dieser Stadt seien abgestumpft und würden jede Entschuldigung dankbar und tränenüberströmt mit den Worten „Dass ich das noch erleben darf!" quittieren, aber nein! Ocasio-Cortez akzeptierte nicht nur nicht die Entschuldigung, sie hatte die Unverschämtheit, ihm eine verbale Ohrfeige zu geben:[57]

> *Aber womit ich ein Problem habe, ist, Frauen zu benutzen, unsere Ehefrauen und Töchter, als Schutzschilde und Ausreden für schlechtes Verhalten.*

Und sie legte noch einmal anständig nach, indem sie diesen rechtschaffenen Mann mit Frau und Töchtern belehrte, was Anständigkeit ausmacht.

> *Eine Tochter zu haben macht einen Mann nicht anständig. Eine Frau zu haben macht keinen anständigen Mann aus. Menschen mit Würde und Respekt zu behandeln macht einen anständigen Mann aus. Und wenn ein anständiger Mann es vermasselt, wie wir es alle tun, versucht er sein Bestes und entschuldigt sich. Nicht um das Gesicht zu wahren, nicht um eine Stimme zu gewinnen, er entschuldigt sich aufrichtig, um den Schaden zu reparieren und den an-*

gerichteten Schaden anzuerkennen, sodass wir alle weitermachen können.

Man halte sich das vor Augen: Eine Frau, die jünger als seine jüngste Tochter ist, maßregelt diesen Familienvater und diese Stütze der amerikanischen Demokratie. Wer hätte gedacht, dass New Yorker gar so sensibel sind?

Denselben Kunstgriff benutzte ein Flugpassagier, der einer jungen Journalistin vor der Toilette an den Hintern griff. Nach dem ersten Schock ließ diese es nicht dabei bewenden. Sie ging zu den Flugbegleiterinnen, die den Übeltäter diskret zu seinem Verhalten befragten. Er stritt dieses ab und behauptete, er könne sich nicht daran erinnern. Damit war die Journalistin nicht zufrieden. Es kam zu einer Tatortbegehung. Die Flugbegleiterinnen führten den Mann vor den Augen seiner männlichen Freunde zum Schafott – pardon – vor die Toilette. Dort wurde er mit dem Opfer konfrontiert. Seine Selbstsicherheit war merklich geschrumpft und er erfand gleich mehrere Ausreden wie schon Ted Yoho. Hier der Auszug aus dem Bericht der Journalistin:[58]

Er erklärt weiter, dass er getrunken habe und dass es schließlich so eng an Bord sei. Er würde mich niemals belästigen, er habe doch Frau und Kind zu Hause.

Glaubte man ihm? Sein zerknirschter Blick offenbarte jedenfalls, dass er genau wusste, was passiert war und wobei man ihn ertappt hatte. Die vorher lautstarke Männergruppe hatte jedenfalls ihre Heiterkeit schlagartig, eigentlich eher griffartig verloren. Man sieht also, eine Entschuldigung kann eine ziemliche Spaßbremse sein.

Männer sind nicht das einzige Geschlecht, das diesen Kunstgriff aus dem Köcher zieht, wenn es notwendig ist. Die Ernennung von Alexi McCammond zur neuen Chefredakteurin von *Teen Vogue* war in die Kritik geraten, als zehn Jahre alte Tweets mit rassistischen und homophoben Aussagen von ihr aufgetaucht waren.[59] Gleich 20 Redakteure wandten sich in einem offenen Brief an die Verlagsleitung und wiesen auf die vielfältige Kultur in der Redaktion und die Verantwortung gegenüber den Leserinnen und Lesern hin. McCammond entschuldigte sich umgehend:

> *Es tut mir mehr als leid für das, was Sie in den letzten 24 Stunden meinetwegen erlebt haben. Sie haben einige beleidigende, idiotische Tweets gesehen, als ich ein Teenager war, die schädigende und rassistische Stereotypen über asiatische Amerikaner verewigen. Ich habe mich schon vor Jahren dafür entschuldigt, aber heute möchte ich mich klar ausdrücken: Ich entschuldige mich zutiefst bei Ihnen allen für den Schmerz, den das verursacht hat. Es gibt keine Entschuldigung für eine solche Sprache.*

Bis dahin klangt das relativ gut, wenn sie nicht noch diesen Kunstgriff eingebaut hätte, wie *CNN* im selben Artikel ausführt:

> *Sie bestand auch darauf, dass diese Tweets „nicht das sind, was ich bin", und dass sie daran arbeiten wird, das Vertrauen zurückzugewinnen, dass sie, wie sie sagt, verloren hat.*

Die Tweets sind genau das: Sie sind, was sie ist. Rassistisch. Ihre Stelle war sie jedenfalls los, bevor sie sie überhaupt angetreten hatte.

Neben den genannten Argumenten gibt es auch das Argument mit dem mythischen Freund, der Afroamerikaner, Jude, Asiate, Homosexueller oder Ausländer sein kann und manchmal sogar eine Frau. So erklärte in Australien der Inhaber eines Restaurants nach dem humorvollen Posten einer Bestellung, die ein Mitarbeiter mit der Bezeichnung „Zwei sehr nervende Asiaten" überschrieben hatte, dass es erstens nur ein Witz gewesen sei (23. Kunstgriff: Es ist passiert, aber es war doch nur Spaß) und zweitens:[60]

> *Ich bin sehr multikulturell und habe viele Freunde verschiedener Ethnien. Wenn Sie so tun wollen, als sei ich ein Rassist,*

dann ziehen Sie Ihr Ding durch. Ich habe diese schwulen Dramen von Leuten wie Ihnen satt.

Es gelang dem Inhaber das seltene Kunststück, sein eigenes Argument noch im selben Satz zu widerlegen. Kompliment!

Nicht nur bei diesem Kunstgriff ist etwas Vorsicht geboten. Schnell kann man über das Ziel hinausschießen und übertreiben, wenn man nicht aufpasst. Für ein solches Beispiel müssen wir nicht einmal über den Großen Teich schauen. Die deutsche Comedian und Autorin Jasmina Kuhnke, die sich als Aktivistin gegen Rassismus und Rechtextremismus einsetzt, benutzt dazu auch Twitter als Kanal gegen Intoleranz, Rassismus und Verschwörungstheoretiker. Weil sie unangenehme Sachen in der ihr sehr direkten und schonungslosen Art ausspricht, kriegt jeder Rassist sein Fett ab. Vielen davon gefällt das gar nicht, sie sind aber gegen die wortgewandte Quattromilf (so ihr kurioser und selbstironischer Twittername, den sie als Mutter von vier Kindern gewählt hat) chancenlos. Manchmal rufen ihre „Opfer" sie direkt an – wie der Kochbuchautor und offensichtliche Verschwörungstheoretiker Attila Hildmann. Er wurde öffentlich zurechtgewiesen und als „Rassist" bezeichnet. Ohne lange zu zögern griff er zum Hörer und auf diesen Kunstgriff zurück, um auf Kuhnkes Sprachbox folgende Nachricht zu hinterlassen:[61]

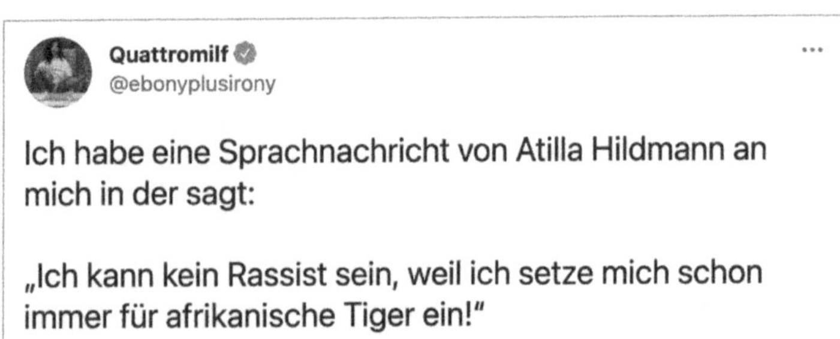
Quattromilf
@ebonyplusirony

Ich habe eine Sprachnachricht von Atilla Hildmann an mich in der sagt:

„Ich kann kein Rassist sein, weil ich setze mich schon immer für afrikanische Tiger ein!"

Abbildung 4: Tweet von Quattromilf (alias Jasmina Kuhnke) mit der Meldung zum Inhalt der Sprachnachricht, die sie von Attila Hildmann erhalten hat

Ob Frau Kuhnke von patriotischen Gefühlen ergriffen sogleich die deutsche Nationalhymne angestimmt hat, darüber ließ sie uns bislang im Ungewissen.

15. Kunstgriff
Es ist passiert, aber ich bin unbeteiligt

Manchmal ist eine Entschuldigung eine noch größere Ungezogenheit.

Samuel Johnson

Gutes und Schlechtes kann passieren, wenn Leute zusammenkommen. In einer geselligen Runde kann man schon einmal Lieder singen und das nächste Milliarden-Start-up konzipieren – oder eine Revolution planen und den Hort der Volksvertreter stürmen. Die Zusammenkunft einer Reihe von mit dem Wahlausgang Unzufriedenen am 6. Januar 2021 in Washington D.C. war nach politischer Anschauung schlecht (für Demokraten) oder gut (für Anhänger von Präsident Trump). Wie die Erstürmung des Kapitols in der amerikanischen Hauptstadt durch Anhänger von Donald Trump – er behauptete auch später vehement, ihm sei der Wahlsieg gestohlen worden und Joe Biden niemals ein legitimer Präsident – in den Augen zukünftiger Politik- und Geschichtsforscher gesehen werden wird, ist einfach zu beantworten: Es war eine Revolution. Trumps Anhänger, von ihm angestachelt, versuchten, zu plündern, Abgeordnete einzuschüchtern und den demokratischen Prozess auf undemokratische Weise zu torpedieren.

Was passiert, wenn man nicht dabei war, trotzdem aber ins Kreuzfeuer der Kritik gerät? Und das nur, weil man als Frau des Präsidenten indirekte Nutznießerin der Handlungen wurde? Es verwundert nicht, dass Melania Trump sich genau das fragte und sich den Anschuldigungen entschieden entgegenstellte. In ihrer zornigen Verlautbarung einige Tage nach dem Sturm auf das Kapitol gedachte sie der Todesopfer. Allerdings zählte sie zuerst die vier getöteten Rechtsextremisten auf, bevor sie fast schon nebenbei die getöteten Polizisten erwähnte, die versucht hatten, das Kapitol zu beschützen:[62]

> *In letzter Zeit haben mein Mitgefühl: Air-Force-Veteranin Ashli Babbitt, Benjamin Philips, Kevin Greeson, Roseanne Boyland und die Kapitolpolizisten Brian Sicknick und Howard Liebengood. Ich bete für ihre Familien um Trost und Kraft in dieser schweren Zeit.*

Es ist deshalb unverständlich, wie es nun zu Anschuldigungen kommen konnte, sie wäre jemand, der zu diesem tragischen Verlauf beigetragen habe.

> *Ich bin enttäuscht und entmutigt über das, was letzte Woche passiert ist. Ich finde es beschämend, dass es rund um diese tragischen Ereignisse anzüglichen Klatsch, ungerechtfertigte persönliche Angriffe und falsche, irreführende Anschuldigungen gegen mich gegeben hat – von Leuten, die relevant sein wollen und eine Agenda haben. In dieser Zeit geht es ausschließlich um die Heilung unseres Landes und seiner Bürger. Sie sollte nicht zur persönlichen Bereicherung genutzt werden.*

Es muss doch allen ganz klar werden, dass die First Lady unbeteiligt daran gewesen ist und das wahre Opfer ist (13. Kunstgriff: Es ist passiert, aber ich bin das eigentliche Opfer). Kein Wunder, wollen doch die Beschuldiger vor allem ihre eigene Agenda vorantreiben und daraus politischen Nutzen ziehen (12. Kunstgriff: Es ist passiert und die anderen nutzen das aus).

Ebenso unbeteiligt ist anscheinend auch der Gouverneur von Virginia, Ralph Northam, an einer Kostümparty an seiner Hochschule gewesen. Auf einer Seite im Jahrbuch fanden sich Porträtbilder von ihm mit schwarz angemaltem Gesicht (dem sogenannten „Blackface“), einem Kostüm des Ku-Klux-Klans und einige rassistische Begriffe.[63] *CNN* hatte dazu ein paar Fragen, die er kleinlaut beantwortete:

> *Heute Morgen veröffentlichte eine Website ein Foto von mir aus dem 1984er-Jahrbuch der Medizin-Hochschule in einem Kostüm, das eindeutig rassistisch und beleidigend ist. Ich bedauere zutiefst die Entscheidung, die ich getroffen habe, um so zu erscheinen, wie ich es auf diesem Foto tat, und für den Schmerz, den diese Entscheidung damals und heute verursacht hat.*

So weit, so gut, aber ohne die Website wäre das alles nicht passiert. Insofern wird der folgende Satz der Entschuldigung ganz deutlich:

> *Dieses Verhalten entspricht nicht dem, was ich heute bin, und den Werten, für die ich während meiner Karriere im Militär, in der Medizin und im öffentlichen Dienst gekämpft habe. Aber ich möchte klarstellen: Ich verstehe, wie diese Entscheidung den Glauben der Virginier an diese Verpflichtung erschüttert.*

„Dieses Verhalten“ ist nicht „mein Verhalten“, damit ist Northam eigentlich ein Unbeteiligter und weist damit auf den 14. Kunstgriff: Kann gar nicht sein, weil ich auch so (nicht) bin hin. Er legt noch nach:

> *Ich erkenne an, dass es Zeit und ernsthafte Anstrengungen braucht, um den Schaden zu heilen, den dieses Verhalten verursacht hat.*

Nicht „sein“ Verhalten, sondern „dieses“ Verhalten hat Schaden verursacht, aber ganz der Gouverneur: Es wird Anstrengungen geben. Nur von wem? Egal, das wird schon.

16. Kunstgriff
Es ist passiert, aber der Beleidigte soll sich entschuldigen

Ihre richtigen Handlungen könnten jemanden verletzen, also entschuldigen Sie sich bei Bedarf für Ihre richtigen Handlungen, aber hören Sie nicht auf, richtige Handlungen vorzunehmen.

Amit Kalantri

Die *BBC*-Korrespondentin und ihr Partner gerieten eines Nachts in eine peinliche Situation, als sie nach einem zwölfstündigen Flug nach Japan auf der Suche nach ihrem gemieteten Airbnb waren. Es war ein Uhr nachts in Tokio und das famos komplizierte Straßennummernsystem der Stadt machte die Suche nach der richtigen Adresse nicht einfacher. Endlich hatten sie das Apartment gefunden. Die Schlüssel befanden sich im Postkästchen, aber der Sicherheitscode wollte nicht funktionieren. Sie griffen in den Spalt der leicht geöffneten Tür und entfernten den Riegel, nur um in der Wohnung einer Frau und ihrer Tochter im Pyjama gegenüberzustehen, die durch die Eindringlinge aufgeweckt worden waren. Wie wir richtig vermuten, waren Emma, so der Name der *BBC*-Korrespondentin, und ihr Begleiter im falschen Apartment gelandet. Sie entschuldigten sich peinlich berührt für die verursachte Störung und das Missverständnis. Die japanische Mutter und ihre Tochter hingegen machten sich gemeinsam mit den beiden Touristen auf die Suche nach der richtigen Adresse. Nach 20 Minuten war die Suche immer noch erfolglos. Mutter und Tochter entschuldigten sich vielmals bei den beiden fremden Eindringlingen, dass sie ihnen nicht helfen konnten.[64]

Die japanische Kultur hatte den beiden eine Entschuldigung abverlangt, obwohl sie gar nichts zu entschuldigen hatten, ganz im Gegenteil. Sie waren die „Opfer". Weil aber ihr Drang, helfen zu wollen, erfolglos geblieben war, entschuldigten sie sich. Was uns fremd erscheint, ist aber etwas, das eine gute Taktik bei einem eigenen Fehlverhalten sein kann.

Der Österreicher Fridtjof (Name geändert) stieß in seiner Gymnasialzeit auf solch eine Taktik, die von seiner Englischlehrerin meisterhaft angewandt wurde. Seine in England aufgewachsene Mutter hatte mit ihm regelmäßig Englisch gesprochen. So sahen auch seine Noten aus. Für sechs Englisch-Schularbeiten kassiert er fünfmal ein „Sehr gut" und einmal ein „Gut". Wie sollte seine Endnote aussehen? Die junge Englischlehrerin meinte, es würde ein „Gut" werden. Zu ihrer Überraschung äußerte Fridtjof einen gewissen Unmut. Nach einigem Reflektieren gab die Lehrerin ihm die Chance einer mündlichen Entscheidungsprüfung. Gesagt, getan. Er trat zur Entscheidungsprüfung an. Und das Resultat war – zu seiner Überraschung und der seiner Mitschüler, die Zeuge der fehlerlosen mündlichen Prüfung geworden waren – ein solides „Gut". Daraufhin beschlossen alle Schüler der Klasse aus Solidarität, von nun an in der Englischstunde nicht mehr aktiv mitzuwirken, sondern nur dann, wenn die Lehrerin sie direkt aufrief. Das zeigte Wirkung. Die Englischlehrerin war so entnervt, dass eine andere Lehrerin den Schuldigen – also Fridtjof, wen sonst? – zornig zu sich zitierte und ihm erklärte, er solle sich bei der Englischlehrerin entschuldigen, weil die Note nun ohnehin auf ein „Sehr gut" geändert worden sei. Das hatte die Englischlehrerin ihm allerdings noch nicht mitgeteilt. In der nächsten Englischstunde kroch Fridtjof „brav zu Kreuze" (ich zitiere seine Worte) und entschuldigte sich bei der Englischlehrerin, die, anstatt es auf sich beruhen zu lassen, begann, ihm Vorwürfe zu machen.[65] Selbst viele Jahre nach diesem Vorfall wurmt Fridtjof der Bittgang immer noch.

17. Kunstgriff
Die Leute sind einfach zu sensibel

Sollte ich mit meiner Kolumne jemandem zu nahe getreten sein, ist er vermutlich im Weg gestanden.

Erich Kocina[66]

Empathie ist die Fähigkeit, sich in die Gedanken- und Gefühlswelt anderer einzufühlen. Ist jemand traurig, dann machen wir auch ein trauriges Gesicht. Ist jemand fröhlich, dann werden wir auch von der Fröhlichkeit angesteckt – solange man nicht aus Wien stammt, wo Mosern und Mürrischsein ihre Anfänge nahmen.

Empathie kann sich nicht nur in Wien gegenteilig auswirken, wie schon der Sänger und „Herzblatt"-Moderator Reinhard Fendrich in seinem Lied „Es lebe der Sport" von dem gestürzten Skifahrer und dem Zuschauer vor dem TV-Apparat feststellte:

> *Liegt einer regungslos im Schnee,*
> *schmeckt erst so richtig der Kaffee …*

Eine befreundete Ärztin sieht sich in ihrer Praxis hin und wieder Patienten und deren Verwandten gegenüber, die gewisse Ansprüche stellen. Manche Ansprüche sind gerechtfertigt, manche weniger und einige gar nicht. Wenn sie durch nichts gerechtfertigt sind, dann antwortet die Ärztin meistens diplomatisch mit „Es tut mir leid, dass Sie sich so fühlen". Diese Antwort erkennt an, dass die Person empört ist, gesteht aber keine Schuld vonseiten der Ärztin ein. Und damit hat sie auch recht. Es handelt sich meistens um Patienten, die die Schuld für ihren Gesundheitszustand in der schlechten Versorgung durch die Ärztin finden, nicht aber darin, dass sie die Medikamente nicht einnehmen und auch sonst über die Stränge schlagen. Mein Diabetes ist hoch? Hat nichts mit den zwei Stücken Cremetorte zu tun, die ich gestern gegessen habe. Schuld ist eindeutig die mich vernachlässigende Ärztin.

Einen etwas anderen Charakter hat es, wenn man von jemandem beleidigt wird und diese Person darauf hinweist. So erging es mir in einer Onlinediskussion, in der ein anderer Diskussionsteilnehmer durchgängig mit Stereotypen um sich warf und diese vorwiegend auf jene anwandte, die nicht seiner Meinung waren. Darauf hingewiesen, antwortete er:

Wenn es dich verletzt hat, dann entschuldige ich mich.

Nur „wenn" es mich verletzt hat, dann entschuldigt er sich. Der Grund für die Entschuldigung ist nicht etwa, dass seine Aussage verletzend war, sondern ob sie der Verletzte als verletzend empfindet. Ansonsten gäbe es ja keinen Grund. Was uns zu der Frage führt, ob eine Aussage überhaupt verletzend sein kann, wenn sie der Verletzte nicht als verletzend empfindet? Wenn im Wald ein Baum umfällt und niemand da ist, der es hört und sieht – entsteht dann noch Lärm? Was nun, wenn man das Geräusch eines umfallenden Baumes hört, man ihn jedoch nicht hat fallen sehen – ist er dann umgefallen? Wenn ein Mann im Wald steht und etwas sagt und es ist keine Frau in der Nähe, die ihn hört, hat er dann trotzdem unrecht? Wir bewegen uns auf dünnem philosophischen Eis.

Eine Nuance des Arguments der zu sensiblen Beleidigten ist das einfühlende Bedauern. Die Wochenzeitung *Die Zeit* kam in schweren Seegang, als sie 2018 eine „Pro & Contra"-Kolumne zu einem aktuellen Thema abdruckte. In diesem Segment werden jeweils zwei Autoren eingeladen, einen Standpunkt dafür oder dagegen einzunehmen, in diesem Fall, ob private Hilfsorganisationen Flüchtlinge im Mittelmeer aufnehmen und retten dürfen.[67] Der darauffolgende Sturm brachte *Die Zeit* in ziemliche Schieflage. Die Redaktion sah sich zu einer Stellungnahme gezwungen:[68]

Sehr geehrte Leser,

die Seite 3 der aktuellen ZEIT-Ausgabe hat innerhalb unserer Redaktion, aber auch unter den Lesern viele Diskussionen ausgelöst. Die Kritik bezog sich in erster Linie auf zwei Punkte:

1. Durch die Hauptzeile „Oder soll man es lassen?", die von vielen als einziges gelesen wurde, konnte der Eindruck entstehen, als würde in der ZEIT-Redaktion diskutiert, ob man überhaupt Menschen aus dem Mittelmeer retten sollte. Denn erst durch die Unterzeile wird dann klar, dass sich unser Pro & Contra auf die private Rettung von Flüchtlingen bezieht.

Halten wir hier einmal inne, um die meisterhafte Anwendung einer köstlich verpackten Gemeinheit besser zu genießen. *Die Zeit* hat die Aufregung wahrgenommen, erkennt aber messerscharf den Grund dafür in ihren lesefaulen Lesern, die nur die Überschriften überfliegen, um sofort zu hyperventilieren. Hätten sie nämlich auch die Subhead gelesen oder, um nicht zu sagen oder erwarten zu wollen, auch den gesamten Text, dann wäre es nicht zu diesem Entrüstungssturm gekommen. Die geneigten Leserinnen und Leser erkennen den 8. Kunstgriff: Es ist passiert, aber es war ein Missverständnis.

Was mit 1. beginnt, dem muss auch ein 2. folgen. So ging es weiter mit der Entschuldigung:

2. Andere Kritiker stoßen sich daran, dass die ZEIT die private Seenotrettung an sich infrage stellt und diese Position in einem Für und Wider als diskussionswürdig erachtet. Dazu allerdings stehen wir – weil diese Debatte eine in Europa und auch in Deutschland sehr relevante Streitfrage ist.

Wir bedauern, dass sich einige Leser in ihrem ethischen Empfinden verletzt gefühlt haben, und dass der Eindruck entstehen konnte, die ZEIT oder auch Mariam Lau würden einer Seenotrettung generell eine Absage erteilen.

Dies ist nicht der Fall.

Sabine Rückert, Bernd Ulrich

Der zweite Teil der Entschuldigung hält standhaft an dieser Kolumne fest, nur um dann zu bedauern, dass es ein paar Sensibelchen unter den Lesern gegeben hat: „Wir bedauern, dass sich einige Leser in ihrem ethischen Empfinden verletzt gefühlt haben [...]" Dagegen kann auch *Die Zeit* nichts ausrichten. Lasst uns somit weiterziehen und die Debatte vergessen.

Was dem einen die Flüchtlinge im Mittelmeer, sind dem anderen Tote bei einem Amoklauf. Natürlich in den USA, wo denn sonst? Nachdem in Atlanta im US-Bundesstaat Georgia ein sexsüchtiger Religionsfanatiker – was nur manche als nicht redundant bezeichnen – in mehreren Massagesalons acht Personen, darunter sechs mit asiatischer Abstammung, erschossen hatte und dann von der Polizei festgenommen worden war, hielt der zuständige Sheriff eine Pressekonferenz ab. Nach einem ersten Verhör mit dem Täter erläuterte Captain Jay Baker vom Büro des Sheriffs in Cherokee County, dass der Festgenommene einfach „einen schlechten Tag gehabt hatte".[69] Sicherlich ein schlechterer Tag, als ihn die Erschossenen hatten; denn er sitzt im Gefängnis, während die Toten auf ihren Wölkchen im Himmel sitzen, Harfenklängen lauschen und die Aussicht genießen. Nicht alle konnten Captain Bakers Empathie für den Täter nachvollziehen, da deren Sensibilität scheinbar nicht ausgeprägt genug war. Vielleicht war auch einfach nicht ausreichend Wille vorhanden. Es entlud sich ein Sturm der Entrüstung über ihm. Seine Vorgesetzten räumten ein, dass Bakers Kommentare „als unsensibel ausgelegt wurden", aber sie bestanden darauf, dass „sie nicht beabsichtigt waren, die Opfer zu verhöhnen, die Schwere dieser Tragödie, oder Empathie oder Sympathie für den Verdächtigen auszudrücken". Nicht die Wortwahl war unsensibel, nein, es war die Auslegung der Worte. Mit zu sensiblen Leuten, die vernünftige Worte als unsensibel auslegen, ist es eben schwer, vernünftig zu diskutieren. Lassen wir für einen Moment auch ganz sensibel die Aufregung um T-Shirts mit einem antichinesischen Slogan außer Acht, die Captain Baker einige Monate zuvor auf seiner Facebook-Seite mit den Worten: „Covid 19, IMPORTED VIRUS FROM CHY-NA“ angepriesen hatte.

Während Captain Baker ohne Konsequenzen, geschweige denn Jobverlust aus dieser sensiblen Affäre kam, verlor jemand anderer seinen Job. Die Expertin für Ethik in der künstlichen Intelligenz bei Google, Dr. Timnit Gebru, hatte den Unmut ihrer obersten Vorgesetzten auf sich gezogen, weil sie in einer Studie die Benachteiligung von Frauen und Minderheiten in Googles KI-Systemen nachgewiesen hatte. Nicht die erste Studie und nicht gegen den Willen von Google, wo man sich eine solche KI-Ethik-Abteilung gegönnt hatte, um Kritik von Behörden und Kunden zuvorzukommen. Doch Gebru tat ihre Arbeit zu gut. Sie fand zu viel – und das ließ Google schlecht dastehen. Sie wurde von Megan Kacholia, Vizepräsidentin von Google Research und damit eine der von der Studie an den Pranger gestellten Abteilungen, gebeten, ihre Studie, die zur Veröffentlichung in einem Fachjournal eingereicht worden war, wieder zurückzuziehen, weil „es noch Mängel gebe“ und sie die Frist für eine interne Kontrolle nicht eingehalten habe. Alles natürlich nur Vorwände. Während Gebru im Urlaub war, wurde ihre Kündigung, die sie nie eingereicht hatte, angenommen, ohne dass ihre Vorgesetzte davon wusste. Sie wurde wiederum von ihrem Chef Jeff Dean, Megan Kacholia und der Personalabteilung versehentlich nicht in den E-Mail-Verkehr aufgenommen. In weiterer Folge kam es zu einer Eskalation. Gebru hatte eine große Anhängerschar innerhalb und außerhalb Googles, die sehr vehement in Erscheinung trat. Google-intern unterschrieben Hunderte Mitarbeiter eine Protestnote, mehr als 1.000 externe KI-Forscher und -Experten unterschrieben einen offenen Brief an Google.[70] Selbst der US-Senat stellte eine offizielle Anfrage, gefolgt von einem auch mehrere Monate später nicht abebbenden Interesse der amerikanischen Medien. Jeff

Dean, Megan Kacholia und die Personalleiterin bemühten sich einerseits um Schadensbegrenzung, andererseits aber legten sie noch nach: Sie stellten Gebru als die Schuldige dar und feuerten ihre unmittelbare Vorgesetzte Margarete Mitchell ebenfalls. Wegen des anhaltenden Shitstorms drückten sie anschließend ihre Erschöpfung gegenüber einem zuhörwilligen Nachrichtendienst aus:[71]

> *Ich verstehe, dass wir die Situation mit mehr Feingefühl hätten handhaben können und sollen. Und dafür entschuldige ich mich.*

Dabei hatte Jeff Dean es doch schon einmal bedauert, nämlich als sich andere Mitarbeiterinnen und afroamerikanische Kollegen entrüstet über die Entlassung Gebrus gezeigt hatten. In einer internen E-Mail hatte er geschrieben:[72]

> *Ich habe gehört und erkenne an, was Dr. Gebrus Ausstieg für Technologinnen, für Schwarze und andere unterrepräsentierte Gruppen, die eine Karriere in der Tech-Branche anstreben, und für viele, denen Googles verantwortungsvoller Umgang mit KI am Herzen liegt, bedeutet. Es hat einige dazu gebracht, ihren Platz hier infrage zu stellen, was ich bedauere.*

Bedauert hat er es – aber ohne eine Entschuldigung gegenüber den betroffenen und entlassenen Frauen. Aber wir wissen ja: Der Mensch besteht zur Mehrheit aus Wasser, wir sind somit nichts anderes als Gurken mit Emotionen. Kein Wunder, dass Frauen einfach zu sensibel reagieren.

Kommen wir wieder nach Europa zurück, um eine Variante dieses Kunstgriffs zu betrachten. Gernot Blümel, Finanzminister der Republik Österreich, war im Zuge einer parlamentarischen Untersuchung aufgefordert worden, den E-Mail-Verkehr des Ministeriums an den Untersuchungsausschuss zu übergeben. Blümel zeigte keine Eile und selbst nach weiteren Aufforderungen verstrich auch die letzte Frist. Die Verfassung sieht als letzte Maßnahme das Einschreiten des Bundespräsidenten vor, der als Oberbefehlshaber des österreichischen Bundesheers dieses zur Exekution heranziehen kann. Nein, keine Sorge, Österreich hat nicht etwa unbemerkt wieder die Todesstrafe eingeführt und den Finanzminister exekutiert. Stattdessen hätte das Bundesheer auf Befehl des Bundespräsidenten im Finanzministerium vorbeigeschaut und die E-Mails beschlagnahmt – notfalls auch mit Gewalt, falls sich jemand entgegengestellt hätte. Zu diesem in der Zweiten Republik einmaligen Vorgang kam es dann aber doch nicht. Blümel lieferte die E-Mails auf 65.000 Seiten ausgedruckt in Kisten ab. Vom „ZIB 2"-Nachrichtensprecher Armin Wolf befragt, ob er mit der verspäteten Ablieferung das Gesetz gebrochen habe, verneinte der Finanzminister das entschieden:[73]

> *Wenn ein anderer Eindruck entstanden ist, tut mir das leid und ich möchte mich dafür entschuldigen.*

Damit es auch deutlich wurde, wiederholte er den Satz mehrmals. Die Zuschauer jedenfalls wurden den Eindruck nicht los, dass er tatsächlich etwas in den E-Mails zu verbergen hatte.

18. Kunstgriff
Es ist passiert, aber die anderen machen das doch auch so

Jesus: „Wer frei von Schuld ist, der werfe den ersten Stein!"
Ein Stein triff Jesus am Kopf. Er jault auf und sieht sich nach dem Übeltäter um.
Jesus: „Nicht du, Mutter!"

Amazon warf zwar keine Steine, musste sich aber selbst vor Flaschenwürfen in Acht nehmen. Wir erinnern uns noch an den 4. Kunstgriff: Es ist nichts passiert – und reagiere empört auf die Anschuldigungen, der den Schlagabtausch zwischen dem Kongressabgeordneten Mark Pocan und dem Online-Riesen thematisierte? Dem Onlineunternehmen hatte Pocan vorgeworfen, die Zeitpläne seiner Mitarbeiter so dicht zu gestalten, dass diese keine Toilette aufsuchen könnten und ihre Bedürfnisse befriedigen müssten, indem sie in bereitgehaltene Flaschen pinkelten.

Zuerst hatte Amazon noch völlig empört verneint und Pocan gemaßregelt – bis sich herausstellte, dass er Recht gehabt hatte. Pardauz! Amazon-Zusteller begannen von eigenen Erlebnissen zu berichten und Fotos mit solchen uringefüllten Flaschen zu posten, die sie selbst oder ihre Kollegen benutzt hatten. Durchgesickerte interne Dokumente zitierten Vorfälle öffentlichen Urinierens der Amazon-Mitarbeiter und schilderten ebenso, dass interne Reinigungsvorschriften der Lieferfahrzeuge explizit auf genau solche zweckentfremdeten Behältnisse und andere menschliche Abfallprodukte hinwiesen. Sehr unangenehm! Zeit, sich also zu entschuldigen? Nicht so voreilig. Obwohl Amazon eine 180-Grad-Kehrtwendung vollzogen und den Sachverhalt eingestanden hatte, benutzte das Unternehmen den Moment, um auf diese industrieweite Praxis hinzuweisen:[74]

> *Dies ist ein seit Langem bestehendes, branchenweites Problem und ist nicht spezifisch für Amazon. Nachfolgend finden Sie einige Links, die sich mit diesem Problem befassen.*

Bequemerweise wurden dann fast ein Dutzend Links zu Medienberichten gepostet, die solches Verhalten ausschließlich von Fahrern von Konkurrenzunternehmen wie UPS oder Taxidiensten wie Uber oder Lyft schilderten. Zum Beweis wurden dann noch die Tweets von Fahrern anderer Dienste als Reaktion auf Amazons Tweet in diese Entschuldigung mit hineingestellt. Diese Ferkel, diese anderen!

Dieser Kunstgriff ist eng mit dem sogenannten Whataboutism verwandt.[75] Der aus dem Englischen „What about …?" („Was ist mit …?") stammende Begriff beschreibt eine rhetorische Taktik, die auf Vorwürfe des eigenen Vergehens mit einem Ablenkungsmanöver reagiert, indem man auf die Vergehen anderer hinweist. Stellen wir uns vor, wir werden wegen überhöhter Geschwindigkeit von der Polizei angehalten und uns droht ein Strafzettel. Den Hinweis, dass auch andere zu schnell fahren würden, wird der amtshandelnde Polizist nicht gelten lassen.

Interviews mit dem russischen Diktator Wladimir Putin verlaufen dauernd auf solche Art und Weise. Hinweise auf die Niederschlagung von Protesten wehrt er sofort ab, indem er auf die Niederschlagung von Protesten in der Ukraine und in den USA hinweist. Das Verbot von Homosexualität und die Verhaftung von LGBTQ-Menschen in Russland wischt er mit einem „Aber die Kinder müssen wir beschützen" weg. Als ob LGBTQ-Menschen mit Pädophilen gleichzusetzen wären …

In der Causa Pinkelflaschen war aber eine Tatsache auffällig abwesend: Amazon entschuldigte sich indirekt bei Mark Pocan, aber mit keinem einzigen Wort bei den Betroffenen, nämlich den Fahrern selbst.[76] Doch es wäre nicht Amazon, wenn man zum Abschluss dieser Entschuldigung nicht noch nachlegen würde – mit einer „Faustwatsche", wie Bud Spencer sagen würde:

> *Also wird Amazon hier der Sündenbock sein? Wird dies eine Praxis ändern, die seit Jahrzehnten bei anderen Fahrern im ganzen Land gang und gäbe ist?*

Und was macht der Kongressabgeordnete? Statt sich zu freuen, dass Amazon sich bei ihm irgendwie entschuldigt hat, wirkte er leicht genervt:[77]

> *[Seufz] Hier geht es nicht um mich, sondern um Ihre Mitarbeiter, die Sie nicht mit genügend Respekt und Würde behandeln.*

Amazon hat es eben nicht leicht mit Kunden, Mitarbeitern und auf Urinflaschen fixierten Volksvertretern.

19. Kunstgriff
Es ist passiert, aber mach dich aus dem Staub

Mein Verhalten war verwerflich und ich verdiene es, ALLES zu verlieren für das, was ich getan habe … für eine kurze Zeit, um dann wieder willkommen geheißen zu werden, als wäre nichts geschehen.

Male Comedian Apologises[78]

Wenn alles nicht hilft, dann hilft ein Verschwinden aus der Öffentlichkeit oder gleich eine Ortsveränderung – nach dem Motto „Aus den Augen, aus dem Sinn." Ideal ist es, wenn man das noch vor dem Bekanntwerden eines Skandals macht. So mancher Politiker trat unerwartet zurück, um „mehr Zeit mit seiner Familie zu verbringen", was eine hübsche Umschreibung ist für „Ich hatte Sex mit jemanden, mit dem ich nicht verheiratet war, und jemand ist dabei, das auszuplaudern". Die Medien in unserem Kulturkreis halten sich üblicherweise an den – durch von denselben Politikern verabschiedete Gesetze erzwungenen – Kodex, dass über das Privatleben eines Politikers nur dann berichtet wird, wenn es ein Fehlverhalten gegeben hat und das öffentliches Interesse es rechtfertigt. Sobald derselbe Politiker aber zurückgetreten und Privatperson geworden ist, ist auch dieses öffentliche Interesse automatisch erloschen. Der Vorteil: Nach einigen Jahren den Ball flach halten steht nach geschickter Kontaktpflege und Meinungsmanipulation einer Rückkehr ins Rampenlicht nichts im Wege. Alte Geschichten locken keinen Hund hinter dem Ofen hervor, vor allem, wenn die Moralvorstellungen und Standards damals doch ganz andere gewesen waren.

Dabei hilft auch ein Ortswechsel. So entschied sich der ehemalige Verteidigungsminister Karl-Theodor zu Guttenberg nach Auffliegen des Plagiatsskandals mit Sack und Pack über den Atlantik in die USA zu ziehen. Oder man wird nach einer sehr öffentlichen Scheidung Automanager in Südamerika. Oder man entfernt einfach sein Linked-In-Profil, wie es Megan Kacholia von Google nach ihrer Mittäterschaft bei der Entlassung von KI-Expertin Dr. Timnit Gebru getan hat. Oder man gibt einfach für einige Zeit keine Interviews mehr, wie es eine sogenannte Blockchain-Queen gemacht hat, nachdem ihre Doktorarbeit als Plagiat identifiziert und ihr der akademische Grad entzogen worden war.[79]

20. Kunstgriff
Es ist nur passiert, weil das System zweifelhaft ist

Eine Entschuldigung für den Teufel: Es muss daran erinnert werden, dass wir nur eine Seite des Falles gehört haben. Gott hat nämlich alle Bücher geschrieben.

Samuel Butler

Apropos Blockchain-Queen: Diese Königin nutzte einen weiteren Kunstgriff, der sich hervorragend eignet, um vom eigenen Verhalten abzulenken. Man gesteht ein, dass etwas passiert ist, zieht aber im selben Atemzug die Legitimität des Systems infrage und unterstellt den Neidern unlautere Motive.

In einem Interview nach Auftauchen der Vorwürfe und Analyse der Arbeit auf der Plagiatsprüfungsplattform VroniPlag und noch vor Beendigung des Prüfungsverfahrens durch die Wirtschaftsuniversität Wien (WU) deutete die Berlinerin Shermin Voshmgir, aka Blockchain-Queen, das Wort Plagiat großzügig als „begriffliche Unschärfe".[80]

Das ist eine begriffliche Unschärfe, weil es viele Formen von „Plagiaten" gibt, die unterschiedlich gravierend zu werten sind. Im Bericht wirkt es, als wäre alles abgeschrieben. Dabei geht es – wie im Fall meiner Dissertation – sehr oft um „Fehlzitate" – es wurden also etwa Passagen mit Quellenangabe direkt übernommen, aber nicht mit Anführungszeichen als direktes Zitat ausgewiesen. Ein indirektes Zitat müsste eigentlich paraphrasiert sein. Diesen Zitierfehler habe ich etwa in meiner Arbeit öfters gemacht.

Wenn man schon dabei ist, das System zu kritisieren, kann die Infragestellung der Motive der Neider hilfreich sein, wie es schon im 10. Kunstgriff: Es ist passiert, aber die anderen sind schuld und im 12. Kunstgriff: Es ist passiert und die anderen nutzen das aus erwähnt wurde. Voshmgir ließ sich nicht beirren und forderte trotzig von den Beschuldigern beziehungsweise den Prüfern Antworten. Und je länger solch ein Forderungskatalog ist, desto besser:

- **Hat die WU die damaligen Standards berücksichtigt?**
- **Hat die WU die Standards unseres Faches berücksichtigt?**
- **Hat die WU den Unterschied zwischen den damaligen österreichischen und deutschen Standards berücksichtigt?**
- **Hat die WU die Art der Fehlzitate berücksichtigt oder nicht?**
- **Hat die WU die eigenständige wissenschaftliche Leistung gewürdigt oder nicht?**
- **Hat die WU sich alle anderen Dissertationen aus dem Zeitraum angesehen?**
- **Hat die Uni die Leute, die damals wissenschaftliches Arbeiten unterrichtet haben, befragt, was sie wirklich unterrichtet haben?**
- **Hat die WU überhaupt meine Stellungnahme berücksichtigt?**
- **Und hat sie die Stellungnahme der Betreuer meiner Dissertation berücksichtigt?**

Und Voshmgir stoppt an dieser Stelle nicht, denn wenn man in Fahrt ist, dann ist die Empörung über die ungerechtfertigte Behandlung durch ein zweifelhaftes System doch nur verständlich. Es ist geradezu eine wissenschaftliche Pflicht, das System zu hinterfragen. Der Begriff „denunzieren" fiel. Sie legte auch eine fachfrauliche Einstufung vor, welche Art von Fehlverhalten bei einer wissenschaftlichen Arbeit ganz schlimm (Ghostwriting, Studien fälschen) und weniger schlimm sei (falsches Zitieren) – und merkte an, dass ihre eigene Kompetenz gar nicht berücksichtigt werden würde. Alles viel schwerer wiegende Fakten als die nebensächliche Tatsache, dass sie eine Stelle an der Wirtschaftsuniversität Wien antreten konnte, die ihr ohne die nun von VroniPlag bekrittelte Dissertation gar nicht zugestanden hätte.

Vielleicht an dieser Stelle eine kleine Nebenbemerkung: Auch dieses kleine Büchlein zitiert, wie die aufmerksamen Leserinnen bereits erkannt haben, Amüsantes aus vielen Quellen. Aus einem dicken Wälzer hier, einem wortkargen Tweet da, einem geschwätzigen Zeitungsartikel dort. Doch selbst dieses Machwerk versucht, denjenigen die Anerkennung zu erweisen, die sie verdienen. Und das, ohne dass dieses Buch mir, dem Autor, einen weiteren Doktortitel einbringen wird. Eigentlich schade. Vielleicht sollte ich einmal richtig Nicht-Zitieren lernen.

Dieser kleine Ausflug bringt uns zu einer weniger erfreulichen Zeit unserer Geschichte, die einen Bogen ins Heute spannt, wenn auch über den Atlantik hinweg. Die Nationalsozialisten beherrschten diese Infragestellung der Legitimierung eines Systems auch schon meisterhaft, indem sie den deutschen Reichstag als „Quatschbude" bezeichneten. Ein Dreivierteljahrhundert später exerzierte Donald Trump es in den USA vor. Sobald eine Anklage gegen ihn drohte, waren die Richter und das Rechtssystem parteiisch und handelten aus zweifelhaften Motiven – und damit automatisch auf illegale Weise. Waren die Informationen von FBI, CIA oder der Umweltbundesbehörde ihm gegenüber negativ und hätten einen Schatten auf das Zustandekommen seines Wahlsiegs geworfen, war das System auf unfaire Weise gegen ihn eingestellt.

Dieser Kunstgriff verlangt einige Ausdauer, aber er kann sich bewähren. Wenn das System einmal so geändert ist, dass man nie mehr auch nur in die Nähe eines Fehlverhaltens gerückt werden kann, ja das Fehlverhalten sich als richtig, also als unfehlbar legitimieren kann, dann ist man am Zenit angelangt. Dann ist man nämlich Papst. Oder im Zeitalter der Chancengleichheit Blockchain-Päpstin. Und mit der geht es gleich weiter.

21. Kunstgriff
Es ist passiert, aber die Zeiten waren damals andere

Ruiniere niemals eine Entschuldigung mit einer Begründung.

Benjamin Franklin

Nicht nur das System war zweifelhaft, auch die Zeiten und damit die Standards waren andere. Voshmgir wurde laut eigenen Angaben durch die Wiener Wirtschaftsuniversität im Stich gelassen, die ihr zufolge das nicht richtig vermittelt hätte und immer wieder Standards geändert hatte.[81]

> *Doch natürlich muss trotzdem richtig zitiert werden und dieses richtige Zitieren muss auch auf der Uni richtig vermittelt werden. Ich habe 1998 begonnen, meine Arbeit zu schreiben und sie 2001 abgeschlossen. Damals waren die Standards des wissenschaftlichen Arbeitens andere und sie wurden anders vermittelt. Es gab kaum Pflichtkurse dazu. Wir haben damals einfach ein Handout bekommen, aber eigentlich muss man das korrekte Zitieren wirklich lernen. Die WU hat in den vergangenen 20 Jahren mehrmals das Dissertations-Studium abgeändert, sodass inzwischen*

mehr Kurse belegt werden müssen, wo man wissenschaftliche Methoden besser lernt, mehr Betreuer hat und besser begleitet wird.

Wer lernt, ein Auto zu reparieren, lernt es von anderen oder zieht YouTube-Videos und Handbücher zurate, die erklären, wie man eine Reparatur mit welchen Werkzeugen durchführt und worauf zu achten ist. Wer einen Film dreht, sieht sich andere Filme zur Inspiration und zum Erlernen der richtigen Techniken an. Wer je eine wissenschaftliche Arbeit oder eine Doktorarbeit geschrieben hat, muss sich durch einen Stapel anderer wissenschaftlicher Arbeiten ackern. In der Flut von Arbeiten kann – wie man schon den Wald vor lauter Bäumen nicht bemerkt – leicht übersehen werden, wie andere Wissenschaftler ihre Arbeit strukturieren, Begriffe definieren, den Stand der Forschung angeben, die Argumentation führen, dafür Quellen angeben, sie zitieren und ihre Schlussfolgerungen daraus ziehen.

Voshmgirs glasklare Schlussfolgerung: Die Wirtschaftsuniversität hat ihre Doktoranden im Stich gelassen. So einfach und es wird doch so oft übersehen.

22. Kunstgriff
Es ist passiert, aber ich bin auch nur ein Mensch

Die eigentliche Tragödie an dieser ganzen Geschichte ist ja, dass ich eigentlich ein ziemlich netter Kerl bin.

Male Comedian Apologises[82]

Hilft alles nichts, dann kommt ein Kunstgriff gerade recht, der zugleich auch eine verblümte Unverschämtheit gegenüber den Neidern ist. „Ich bin auch nur ein Mensch“ klingt im ersten Moment sympathisch.

Minister, Manager oder Mistkerle sind bei oberflächlicher Betrachtung auch nur Menschen. Und denen passieren Fehler. Der werfe den ersten Stein, der fehlerlos ist.

Doch zugleich steckt darin eine fast unsichtbare Kritik. Wie nur kann der Neider den Minister, Manager und Mistkerl nicht als Menschen erkennen? Sind sie etwa Maschinen, die zu funktionieren haben und denen keine menschliche Schwäche zugestanden wird? Was für Menschen sind das, die so denken? Das können wohl keine Menschen sein!

Die britische Sängerin Rita Ora wollte sich von den Corona-Lockdown-Regeln nicht unterkriegen lassen und trotzdem ihren 30. Geburtstag feiern. Blöd nur, dass die Polizei, diese Spaßverderber, davon Wind bekam und die Party auflöste. Die Sängerin hatte Monate zuvor auf Instagram die Fans aufgerufen, sich an die Lockdown-Regeln zu halten, aber hier handelte es sich um ihren Geburtstag. 30 wird man eben nur einmal. Nachdem die nicht zum Geburtstag eingeladene Polizei die Party aufgelöst hatte, raffte sich Ora zu einer Entschuldigung auf:[83]

> *Angesichts der Einschränkungen ist mir klar, wie unverantwortlich diese Handlungen waren, und ich übernehme die volle Verantwortung.*

Auch wieder eine kluge Eröffnung mit dem 15. Kunstgriff: Es ist passiert, aber ich bin unbeteiligt. Es sind „diese Handlungen“ und nicht „meine Handlungen“. Doch Ora war noch nicht fertig. Zuerst einmal sei es nur eine „kleine Runde“ von 30 Personen gewesen, also nicht wirklich nennenswert, die Leute seien einfach zu pedantisch (siehe auch 17. Kunstgriff: Die Leute sind einfach zu sensibel) und eigentlich sei nichts passiert (Kategorie III – Keine Ahnung, was die Aufregung soll). Aber im Grunde war es eine „ganz spontan aus dem Moment“ entstandene Party, denn ich bin zwar die berühmte Rita Ora, aber eben auch nur ein Mensch. Da wollen wir doch nicht so sein, oder?

Dabei hat sie sich sicherlich von Julia Roberts' Charakter aus dem Film „Notting Hill“ inspirieren lassen. Roberts spielt dort eine berühmte Schauspielerin, die mit dem von Hugh Grant gespielten kleinen Buchhändler anbandelt. Nach einigem Hin und Her zwischen den beiden, denen auch ihr Ruhm und das damit verbundene Medieninteresse an ihrem Liebesleben in die Quere kommt, kommt es zum Höhepunkt, dem filmischen wohlgemerkt. Dort gesteht sie ihm ihre Liebe mit dem Satz, eben auch nur ein Mensch, oder genauer, ein Mädchen zu sein:

> *Ich bin doch nur ein Mädchen, das vor einem Jungen steht und ihn bittet, sie zu lieben.*

Wer bitte kann so grausam sein, dem Überbringer eines solchen Satzes nicht sogleich und bedingungslos zu vergeben? Ich nicht. Aber mich bittet ja keiner …

23. Kunstgriff
Es ist passiert, aber es war doch nur Spaß

Er war immer freundlich und wirkte immer bedrückt, wie jemand, der sich am liebsten ununterbrochen für die eigene Existenz entschuldigen würde.

Stefanie Sargnagel: Dicht: Aufzeichnungen einer Tagediebin

Dem früheren Gouverneur von Arkansas, Mike Huckabee, ging all die politische Korrektheit rund um Asiaten auf den Nerv. Seit der frühere Präsident Donald Trump begonnen hatte, das Coronavirus als „chinesisches“ Virus, „Kung Flu“ und „Wuhan-Virus“ zu bezeichnen, sahen sich asiatische Amerikaner Feindseligkeiten und Attacken ausgesetzt. Wie schon bei der „Black Lives Matter“-Bewegung kam es zu Solidaritäts- und Spendenaufrufen von Prominenten und Unternehmen für Asiaten, die Opfer einer Welle von handgreiflichen Angriffen geworden waren. Als dann noch die Major League Baseball (MLB) ihre Finalrunde vom US-Bundesstaat Georgia nach Colorado verlegte, weil in Georgia gerade ein neues Wahlrecht in Kraft getreten war, das arme und afroamerikanische Bürger benachteiligte, hatte Huckabee genug. Er twitterte Folgendes:[84]

> *Ich habe beschlossen, mich als Chinese zu „identifizieren". Coke wird mich mögen, Delta wird mit meinen „Werten" übereinstimmen und ich werde wahrscheinlich Schuhe von Nike & Tickets für @MLB-Spiele bekommen. Ist Amerika nicht großartig?*

Es war natürlich total witzig von dem sehr religiösen und weißen – aber nicht weisen – ehemaligen Präsidentschaftskandidaten und Pastor gemeint. So verstand es die scheinbar humorlose Predigerin und Bibellehrerin Beth Moore aber nicht. Sie schalt Huckabee:[85]

> *Mike, ich habe eine Mahlzeit mit dir an deinem schönen Tisch geteilt. Ich habe gehört, wie du dich zu Christus als Herrn bekannt hast. Das ist völlig konträr zum Evangelium.*

Er entschuldigte sich umgehend ... nicht. Aber er stellte klar, was er ernst nehme und was nicht.[86]

> *Ich liebe Sie & schätze Ihren Dienst. Ich nehme Twitter oder mich selbst nicht so ernst, aber ich nehme das Evangelium ernst. Ich wünsche Ihnen wirklich nur Freude & weiterhin Segen. Möge die Kraft der Auferstehung Sie an diesem Osterwochenende erheben, meine liebe Schwester!*

Mit Humor ist das so eine Sache. Nicht jede oder jeder versteht unseren Sinn für Humor, weil – gestehen wir es uns ein – zum Witzeverstehen auch eine gewisse Portion Intelligenz gehört. Eine spaßige

Referenz setzt eben das Wissen um den Bezug voraus. Als ein Freund, der selbst immer die neuesten Internet-Memes herumzuschicken pflegt, mir von seinem neuesten Hobby Fotografie erzählte, schlug ich ihm ein Buch vor: „Fotografie für Dummies". Die darauffolgenden Minuten klang er ziemlich pikiert, bis sich herausstellte, dass er die Buchserie, die ein Thema selbstironisch mit dem Titelzusatz „für Dummies" behandelt, nicht kannte. Ehrlich: Kann ich etwas für das Unwissen meiner Umgebung? Dieser Kunstgriff ist ein Verwandter des 17. Kunstgriffs: Die Leute sind einfach zu sensibel. Der Person fehlt dann auch noch das Allgemeinwissen, um Spaß zu verstehen. Dabei sollte sie sich sogar geschmeichelt fühlen. Eben weil man sich so gut kennt und weil einem die Person etwas bedeutet, nimmt man sich die Zeit, sie ein bisschen zu necken. Und dann reagiert sie beleidigt? Warum kriegen die das immer in den falschen Hals? Auch Immigranten, Frauen oder sonstige sozial benachteiligte Gruppen sollen sich nicht immer gleich angegriffen fühlen. Die Tatsache, dass ich etwas Spaßiges über sie sage, ist ja eigentlich ein Kompliment. Es hat nichts damit zu tun, dass ich auf ihre Kosten Witze reiße, nein, ich zeige damit meine Zuneigung und mein Mitgefühl. Das hat nichts mit Grenzüberschreitungen zu tun. Was schränken sie sich auch so ein und setzen ihre Grenzen so eng?

Was ich nicht leiden kann, ist, wenn sie meinen, sie müssen Witze über mich machen. Das eine hat nichts mit dem anderen zu tun und ich finde das völlig inakzeptabel. Da hört wirklich der Spaß auf.

24. Kunstgriff
Es ist passiert, aber es war nicht für andere Ohren und Augen gedacht

Wahre Freunde erstechen dich von vorn.

Oscar Wilde

Wer kennt das nicht? Man ist unter Freunden, macht sich nach einer gepflegten Partie Golf oder Polo in den Umkleideräumen frisch und spricht über Gott und die Welt, darüber, wie man die vollbusige Blondine angemacht und ihre Möse begrapscht oder die Miss Austria gevögelt hat, und dann gelangt das irgendwie an die Öffentlichkeit. Kann man nicht einmal mehr im Umkleideraum unbelästigt seine Zoten reißen? Wir sehen, die Häscher dringen in jedes noch so private Umfeld ein. Rauchen darf man zu Hause und im Gasthaus nicht mehr, Frauen darf man nicht mehr komplimentieren und sagen, was für einen tollen Vorbau und Hintern sie haben. Und nun soll das private Gespräch zwischen Herren in der Bar, der Sauna oder den Umkleideräumen auch verboten sein? Diese Gespräche sind nur für die Personen gedacht, an die sie gerichtet sind. Herrenwitze sind nun einmal für Herren gedacht und nicht für Damen. Vor allem, wenn diese in Zeitungsredaktionen sitzen. Weder für die Ohren noch für die Augen anderer sind manche gepflegten Konversationen zwischen Freunden gedacht. Blöd ist nur, wenn die private Konversation ihren Weg in soziale Medien findet und eine Sprache offenbart, die selbst Rappern die Schamröte ins Gesicht steigen lassen würden.

Der amerikanische Basketballspieler Kevin Durant hatte solch einen Austausch mit dem Schauspieler und Comedian Michael Rapaport, der die Aufmerksamkeit der Öffentlichkeit auf die Würze der Sprache und die überraschend ausgeprägte Schwulen- und Frauenfeindlichkeit von Durant lenkte. Wer auch immer den Anlass zu den Ausfällen gegeben und sie provoziert hatte, die NBA war „not amused“ und verhängte eine Strafe von 50.000 Dollar gegen den Basketballstar. Und dieser begann sein „Mea culpa“ mit den folgenden Worten:[87]

> *Es tut mir leid, dass die Leute diese Sprache gesehen haben, die ich benutzt habe [...] Das ist nicht wirklich das, was die Leute von mir sehen und hören sollen, aber hoffentlich kann ich das hinter mir lassen und wieder auf den Boden zurückkehren.*

Nicht die Wortwahl tat ihm leid, er bedauerte mehr, dass die Leute seine zweifelhafte Wortwahl gesehen hatten. Aber lassen wir Durant nun hinter uns und tun wir so, als ob dieser Kerl nie existiert hätte.

25. Kunstgriff
Es ist passiert, aber es wird schamlos übertrieben

Bronner: „Was, Travnicek, sagt Ihnen Spanien?"
Travnicek: „Offen gestanden, nichts. Die Stierkämpfe? Eine matte Sache. Simmering – Kapfenberg, das nenn ich Brutalität."

Gerhard Bronner, Helmut Qualtinger, „Travnicek im Urlaub"

Europäische Unternehmer und Regierungsmitglieder leiden unter dem öffentlichen Bild, dass sie bei neuen Technologien oder Geschäftsmodellen irgendwie rückständig wirken. Nicht, wenn sie sich mit Nigeria oder Venezuela vergleichen, sondern mit China oder den USA. Digitale Plattformen aus dem Silicon Valley schnappen sich nicht nur immer mehr Marktanteile und wälzen ganze Industrien um, auch der Gesetzgeber kommt mit den Regulierungen nicht nach.

Was ist die Gegenstrategie, um diesen Eindringlingen zu zeigen, dass man auch nicht in der Nudelsuppe dahergeschwommen ist? Es wird eine eigene Digitalplattform in Auftrag gegeben, die Amazon plattmachen soll. Das Ergebnis war kein Tornado, sondern ein Mailüftchen, dem schon sehr bald die „Kraft" ausgehen sollte. Ja, wir reden wieder über das „Kaufhaus Österreich", weil es sich einfach lohnt. Diese digitale Einkaufsplattform mit heimischen Anbietern bot kaum Shops und noch weniger Produkte, die Konsumenten mit der Suchfunktion finden konnten. Spott und Hohn der Öffentlichkeit ergossen sich rasch und unbarmherzig über die Ministerin, genauso wie die Empörung über die kolportierten 1,26 Millionen Euro an

Steuergeldern, die in die Website geflossen waren. Jedenfalls war Schadensbegrenzung angesagt und die Ministerin gab zwar kleine Unzulänglichkeiten zu, fand aber die Vorwürfe der Geldverschwendung schamlos übertrieben. 70 Prozent des Betrags seien nicht verloren, weil die Website immer noch „betrieben" würde – im Prinzip eine Sammlung von Hinweisen, welche Fragen man sich bei der Erstellung eines Webshops stellen sollte, meinte sie. „Rechne man die restlichen 30 Prozent [der Kosten] auf die 3.000 gelisteten Shops, dann fielen nur 127 Euro Ausgaben des Ministeriums pro Händler an." Ein Klacks für eine Ministerin, deren Gelder es ja nicht waren. Und sie hatte eine klare Botschaft an die Kritiker:[88]

> *Da soll man die Kirche im Dorf lassen.*

Vom Trainer der Gladbacher U-23-Mannschaft Heiko Vogel wurde berichtet, er habe sich über den Einsatz von Schiedsrichterinnen abwertend geäußert. Frauen hätten ihm zufolge „auf dem Fußballplatz nichts zu suchen". Dem (männlichen) Sportrechtler Martin Nolte ging die daraufhin entstandene öffentliche Aufregung allerdings zu weit. Auf die Frage der Tageszeitung *Die Rheinpfalz*, ob diese Aussage diskriminierend, schlicht geschmacklos oder einfach nur deppert gewesen sei, wurde er ganz deutlich:[89]

> *Das ist einfach nur Unfug, Schwachsinn, nennen Sie es, wie Sie wollen. Doch aus sportrechtlicher Sicht ist es jedenfalls keine Diskriminierung. [...] Man sollte die Kirche im Dorf lassen.*

Was Frauen dazu dachten und ob sie die Kirche im Dorf lassen würden, darüber wurde nicht berichtet. Auf dem Sportplatz gelten ohnehin andere Regeln. Dort kommt es sogar zu Verwandlungen, die jede Biologin begeistern würden. „[W]ir sind alle keine Lämmer auf dem Sportplatz" meinte nämlich ein Hertha-BSC-Spieler, nachdem sein Mitspieler Matheus Cunha beim Spiel gegen den 1. FC Köln gegen die gegnerische Spielerbank eine Unanständigkeit losgelassen hatte. Auch Hertha-Trainer Bruno Labbadia wies auf die größere Bedeutung von Fußball und die schamlose Übertreibung des Vorfalls hin:[90]

> *Wir sollten die Kirche im Dorf lassen. Wenn wir alles auf die Goldwaage legen, was Spieler und Trainer zwischendurch miteinander haben, machen wir das Spiel kaputt.*

Und das möchte doch keiner. Die Beleidigungskraft des unanständigen Ausrufs „Fuck you!" wird ohnehin überbewertet, vor allem auf dem Sportplatz.

26. Kunstgriff
Es ist passiert, aber es gibt Wichtigeres

Für jede Minute, die Sie wütend sind,
verlieren Sie sechzig Sekunden Glück.

Ralph Waldo Emerson

Unter uns gesagt, wir wissen doch, dass die Medien nur auf der Suche nach Meldungen sind, über die sie sich empören können (12. Kunstgriff: Es ist passiert und die anderen nutzen das aus). Das erkannte schon der Tampa-Bay-Buccaneer-Footballstar Carlton Davis. Nachdem er in einem Tweet fast nebenbei gesagt hatte: „Wir müssen aufhören, Schlitzaugen nach Miami zu lassen", brach die Hölle los.[91] Das Wort Schlitzaugen (gook) als Bezeichnung für Asiaten zu verwenden, noch dazu von einem afroamerikanischen Spieler, der sich bei jeder Verwendung des Wortes Neger angegriffen fühlt, kam nicht gut an. Allerdings hatte Davis dieses Wort in dem Glauben verwendet, dass es etwas anderes bedeuten würde, nämlich lahm oder doof, und schon gar nicht in dem Sinne, wie es jedem Erwachsenen in den USA in erster Linie bekannt ist. Das könne man ihm doch nicht vorwerfen.[92]

> *Ich würde nie eine Gruppe von Menschen beleidigen. Ihr Reporter könnt euch eine andere Geschichte suchen, die ihr aufbauschen könnt. Der Begriff war an einen Produzenten gerichtet, der behauptete, dass er „Miami leite". Mit dieser Aussage werde ich dieses Wort aus meinem Wortschatz streichen, da unsere asiatischen Mitbürger schwere Zeiten durchmachen.*

Eine großzügige Geste: Er streicht das Wort aus seinem Wortschatz, aber nur deshalb, weil die „asiatischen Mitbürger schwere Zeiten durchmachen". Denn ginge es ihnen gut, wären es keine schweren Zeiten und eine Entschuldigung nicht notwendig. Er legte aber noch nach, denn es seien zwar schwere Zeiten, doch der Fokus sollte ganz woanders liegen:

> *Ich habe einen Begriff verwendet, der dort, wo ich herkomme, immer „lahm" bedeutet hat, aber ich wusste nicht, dass er eine viel dunklere, negative Konnotation hat. Ich habe eine wertvolle Lektion gelernt und möchte mich bei allen entschuldigen, die sich durch den Anblick dieses Wortes beleidigt fühlten, denn wir müssen uns darauf konzentrieren, uns in diesen schwierigen Zeiten gegenseitig zu helfen.*

Die Leute sind einfach zu sensibel (17. Kunstgriff: Die Leute sind einfach zu sensibel) und bitte schön, es gibt in diesen Zeiten Wichtigeres: sich gegenseitig helfen und nicht mich attackieren.

27. Kunstgriff
Es ist passiert und ich mache jetzt eine großzügige Geste

Schokolade sagt „Es tut mir leid" so viel besser als Worte.

Rachel Vincent

Der Lapsus ist passiert. Ins Fettnäpfchen wurde getreten. Das Porzellan wurde zerschlagen. Die Brücken sind abgebrannt. Der Zug ist entgleist. Der Fauxpas ist geschehen. Er setzte sich ins Wespennest. Sie verbrannte sich den Mund. Der Bock ist geschossen.

Der amerikanische Stand-up-Comedian Gabriel Iglesias, bei seinen Fans wegen seiner Körperfülle besser als Fluffy bekannt, war im Podcast des Bauchredners Jeff Dunham, der vor allem mit seiner Puppe „Ahmed, der tote Terrorist" beliebt und bekannt ist, zu Gast.[93] Die beiden Künstler zählen zu den bestverdienenden amerikanischen Komikern, die pro Jahr 30 Millionen Dollar und mehr mit ihren Auftritten und Werbeverträgen einspielen. Eine Frage, die Dunham allen Gästen aus der Unterhaltungsbranche stellt, ist, welches das größte Fettnäpfchen gewesen sei, in das sie je bei einer Vorstellung getreten wären. Fluffy brachte ein Beispiel, bei dem er gedacht hatte, seine so mühsam aufgebaute Karriere wäre mit einem Schlag vorbei. Es begann damit, dass er zu einer Benefizveranstaltung für Tierliebhaber eingeladen war – wie auch Jay Leno, der bekannte Moderator der Spätabendsendung „Tonight Show". Dieser war vor ihm aufgetreten und hatte Witze über die Katzen seiner Frau gemacht. Leno war nicht der größte Tierliebhaber, wie man aus den Geschichten rasch entnehmen konnte – vor einem Publikum aus Tierliebhabern eine etwas ungeschickte Charaktereigenschaft. Doch Leno ließ nicht locker und machte sich über seine Beziehung zu den Haustieren seiner Frau lustig. Das Publikum war zwar pikiert gewesen und lachte höflich, wenn auch unterdrückt, aber immerhin hatte man hier Jay Leno, den jeder aus dem Fernsehen kannte. Was in einem Desaster für den Abend hätte enden können, drehte Leno allerdings meisterhaft um. Nachdem er das Objekt der Liebe seines Publikums so durch den Kakao gezogen hatte, vollzog er eine Pirouette und verkündete: „Und übrigens, ich spende 10.000 Dollar für diese Benefizveranstaltung!" Mit dieser großzügigen Geste hatte Leno nicht nur mit einem Schlag das Spendenziel des Vereins für den Abend eigenhändig erreicht, er hatte sich damit auch das Herz des Publikums zurückgekauft – und seinen nachfolgenden Comedy-Kollegen eine so steile Vorgabe gemacht, dass diese an diesem Abend in der Geste förmlich untergingen. Vor allem auch, weil Fluffy ein ähnlicher Fauxpas wie Jay Leno passierte, er ihn aber nicht durch eine großzügige Geste entschärfte. Bei der Schilderung, wie sein Hund auf Fluffys Bett gelegen hatte, hatte der Comedian spaßeshalber mit begleitenden Gesten angedeutet, wie er ihn vom Bett verscheucht hatte. Er hatte zu einem Fußtritt angesetzt – und dank seines Stimmenimitationstalents ein lautes Jaulen des Hundes nachgemacht. Fluffy fand nicht mehr die Zeit, zu erklären, dass er keiner Fliege etwas zuleide tun könne und niemals seinen Hund so behandeln würde. Mit Drohgebärden wurde er von den Tierliebhabern aus dem Haus „gebeten".

28. Kunstgriff
Es ist passiert, aber wehe, wenn ihr nun was dagegen macht

Manche Entschuldigungen sind wie das Überreichen einer Bombe, die kurz vor der Explosion steht, als Friedensangebot.

Mokokoma Mokhonoana

Meinetwegen entschuldige ich mich halt, aber bitte, man soll mein Wohlwollen auch nicht missbrauchen. Nachdem ich nun ohnehin die großzügige Geste gemacht habe, auf Ihr Niveau hinabzusteigen, kann doch nicht noch mehr gemacht werden. Wie? Sie akzeptieren meine Entschuldigung nicht? Sie nutzen das mit weiteren schamlosen Forderungen aus? Sie wollen noch weitere Entschuldigungen für Dinge, die ich so gesagt haben soll? Wo kommen wir da nur hin, wenn jeder dahergelaufene Kerl wie Sie meint, solche Ansprüche zu Dingen stellen zu können, die nicht für seine Ohren bestimmt gewesen waren? Ihnen bleibt wohl jeder Witz im Hals stecken? Ich verstehe nicht, wieso Sie nun so verärgert sind. Sie erregen sich wohl gern wegen eines Missverständnisses? Wenn Sie etwas in den falschen Hals kriegen, dann ist das nicht meine Schuld. Also bitte, nur weil ich „Straflager" statt „Konzentrationslager" gesagt habe, gibt es keinen Grund, zu hyperventilieren. Außerdem habe ich auch einige jüdische Freunde. Was Sie mir also vorwerfen, ist lächerlich. Sie geben wohl keine Ruhe? Wenn Ihnen meine Entschuldigung nicht ausreicht, dann ist das nicht mein Problem. Aber wenn Sie meinen, Sie könnten weiterhin Ihre haltlosen Anschuldigungen vorbringen, wird sich das für Sie noch als folgenschwer herausstellen. Ich werde Sie nämlich verklagen. Weil, so geht man mit mir nicht um. Ich werde Sie noch vor Gericht vor mir herpeitschen, dass Ihnen Hören und Sehen vergehen wird.[94]

Kategorie III – Keine Ahnung, was die Aufregung soll

Ich führe meinen Erfolg auf Folgendes zurück:
Ich habe mich nie entschuldigt
noch eine Entschuldigung angenommen.

Florence Nightingale

Man kann schon viel Verständnis haben und Einfühlungsvermögen an den Tag legen, aber manches ist und bleibt dann doch unerklärlich. Was soll ich getan haben? Was gesagt haben? Und weswegen drehen plötzlich alle durch?

Es macht nur Weniges Sinn, das zu dieser Aufregung geführt haben kann: Entweder lauert irgendwo eine verborgene Agenda der Neiderinnen und Neider oder es herrscht ein Mangel an intellektueller Größe, deren Flachheit rascher von leicht zu erregenden Gefühlen zugedeckt wird. Was auch immer die Agenda oder die Gründe sind, hier sind ein paar Kunstgriffe, diese abzuwürgen.

29. Kunstgriff
Gegen die Cancel Culture

Es tut mir leid, wenn Sie recht hätten, würde ich Ihnen zustimmen.

Robin Williams

Die Cancel Culture beschreibt den Trend, im vorauseilenden Gehorsam der politischen Korrektheit Menschen, die etwas zu direkt oder in gesellschaftlich nicht mehr akzeptabler Form ausgesprochen haben, auszuladen, auf das Abstellgleis zu schieben und ihnen die kalte Schulter zu zeigen. Es begann mit dem erhobenen Zeigefinger, wenn man zu Recht unzeitgemäße, weil beleidigende Bezeichnungen wie „Neger“, „Zigeuner“ oder „Schwuler“ verwendet, einem Hobby wie Rauchen gefrönt oder gar Fleisch gegessen hatte. Doch heutzutage zieht es immer weitere Kreise. Schenkt man dem Internet glauben, dann darf man nicht mehr das Wort „dumm“ verwenden, sondern sollte von einer „Person mit gedrosselter Leistung“ sprechen.

War uns die Cancel Culture bislang vor allem aus den USA bekannt, kommt sie nun mit einiger Verzögerung auch bei uns an. So wurde die Kabarettistin Lisa Eckhart von einer Lesung in Hamburg ausgeladen – ihr Auftritt buchstäblich „gecancelt" –, weil sie Monate vorher wegen eines künstlerischen und provokanten, der Meinung einiger nach sogar am Rande des Geschmacks befindlichen Stücks über Juden- und Antisemitismusklischees Kritik auf sich gezogen hatte.[95] Die Androhung von Protesten hatte die Hamburger Organisatoren eingeschüchtert.

Diese Tatsache kann man sich in diesem Kunstgriff nutzbar machen, indem man absichtlich etwas Unakzeptables sagt, die politische Korrektheit sozusagen geradezu herausfordert, vor der erwartungsgemäß sich einstellenden Empörung Überraschung heuchelt, das Unakzeptable als Wahrheit umdefiniert und die Aufregung der überhandnehmenden Cancel Culture in die Schuhe schiebt. Denn keiner will Fake News hören. Aber sagt man einmal die Wahrheit, dann ist es auch nicht recht. Wahrheiten kommen in vielen Geschmacksrichtungen: Manche sind eben geschmeidiger zu schlucken als andere, die im Halse stecken bleiben. Damit werden sie aber nicht weniger wahr.

Genau das musste sich die ehemalige österreichische Innenministerin Maria Fekter gedacht haben, als sie einfach nur eine Wahrheit ausgesprochen hatte. Die aus dem Kosovo stammende Familie Zogaj, die in Österreich um Asyl gebeten hatte, sollte 2007 nach dem Erhalt eines negativen Asylbescheids abgeschoben werden. Bevor dies geschah, tauchte die damals 15-jährige Tochter Arigona unter. Die darauffolgende Diskussion um die Asylpraxis in Österreich wurde von den Medien durch das Foto der 15-Jährigen illustriert, was die Innenministerin zu einer wahren Aussage nötigte, die eigentlich für jeden nachvollziehbar sein sollte:[96]

> *Aus dem Fernseher starrende Rehlein-Augen haben mich nicht zu berühren.*

Aus derselben Spielanleitung bezog der deutsche Politiker Alexander Gauland seine Inspiration, als er ein paar Jahre später ebenso mutig die Wahrheit verteidigte und eine originelle Variante des Arguments einbrachte:[97]

Wir können uns von Kinderaugen nicht erpressen lassen.

Er appellierte dabei an die Vernunft seiner Mitbürger, der unangenehmen, aber notwendigen Wahrheit ins Auge, aber nicht in die Kinderaugen zu blicken, selbst wenn das Gesehene unappetitlich sei:

Wir müssen die Grenzen dichtmachen und dann die grausamen Bilder aushalten.

Vermutlich hat das mit der Verweichlichung des Landes zu tun, deren Bürger schon lange nicht mehr flink wie Windhunde und hart wie Kruppstahl sind. Stattdessen wird man für das Aussprechen unangenehmer Wahrheiten gescholten und abgekanzelt.

Und damit sind wir wieder beim Stichwort: Cancel Culture.

Eine Kultur, die in den letzten Jahren nach Meinung von Leuten mit gering ausgebildetem Einfühlungsvermögen absolute Wildwüchse trieb, führe nun so weit, dass falsche Moralvorstellungen die Wahrheit verdrängen würden. Es ließe sich immer jemand finden, der sich durch sie in seinen Gefühlen verletzt sieht. Und dabei treffe es die Falschen. Anstatt die Flüchtlinge aus dem Land zu „canceln", werden die Propheten im eigenen Gauland „gecancelt". So jedenfalls sieht es der AfD-Politiker.

Wie sollen wir uns auf eine Zukunft vorbereiten, die mit immer schnelleren Änderungen und größerem Wettbewerb auf uns zukommt, wenn wir so verweichlicht sind, dass wir der Wirklichkeit nicht ins Auge schauen wollen – und die wenigen Propheten, die es aussprechen, medial schelten? Es ist nicht das Gebot der Stunde, sich der Cancel Culture mit einer Entschuldigung zu unterwerfen. Nachfolgende Generationen mit oder ohne Rehaugen, aber eigentlich nur mit blauen Augen und blonden Haaren, werden es uns danken.

30. Kunstgriff
Man zwingt mich dazu

Ich wünsche Ihnen die Weisheit, zu erkennen, dass Vergebung nichts mit einer Entschuldigung zu tun hat.

Steve Maraboli

Gelegentlich kommt man nicht umhin, eine Entschuldigung vorzubringen, auch wenn die Gründe dafür äußerst dürftig sind. Jörg Haider war der Meister in diesem Kunstgriff. Der vor einigen Jahren betrunken mit dem Auto tödlich verunglückte österreichische Politiker und Kärntner Landeshauptmann, der dem rechten Spektrum zuzuordnen war, hatte die Begabung, den Leuten verbal auf die Zehen zu treten. Seine Wortspiele und eingängigen Phrasen waren legendär. So bezeichnete er den Druck, den er als Oppositionspolitiker auf die Regierung ausübte, als ein sie „vor sich herwatschen". Konnte das Wahlvolk bei diesem Satz noch mitgehen und schmunzeln, war es bei einer anderen Aussage etwas verärgerter. Mit dem jüdischen Unternehmer und Vizepräsidenten des jüdischen Weltkongresses Ariel Muzicant war er öfter aneinandergeraten, was, wie manche Eingeweihten vermuteten, auf eine gegenseitige Abneigung zurückzuführen war. Auf einem Parteitag ließ sich Haider dann zu folgendem Satz hinreißen:

> *... der Herr Ariel Muzicant: Ich verstehe überhaupt nicht, wie, wenn einer Ariel heißt, so viel Dreck am Stecken haben kann; das verstehe ich überhaupt nicht ...*

Das Publikum jedenfalls verstand sofort, was er gemeint hatte, und grölte begeistert. Unter dem Namen Ariel wird seit Jahrzehnten ein bekanntes Waschmittel verkauft. Der Adressat fand das überhaupt nicht amüsant. Muzicant verklagte Jörg Haider wegen Antisemitismus.

Wie reagierte Haider auf die Kritik und den zunehmenden Druck, sich zu entschuldigen? Mit diesem Satz:[98]

Meinetwegen entschuldige ich mich halt …

Wobei er diese ohnehin schon aufgezwungene Entschuldigung durch einen weiteren Satz noch weiter qualifizierte:

… wenn mir nachgesagt wird, dass ich das und das gesagt habe …

Die Politikwissenschaftlerin Tanja Woschitz analysierte bei dieser Art der Entschuldigung und Entschärfung, wie sie von welchem Publikum aufgenommen wird. Das Entschuldigungsziel nimmt sie als unehrliche Entschuldigung wahr, die Haider-Wähler hingegen verstehen mit Augenzwinkern, dass die Mächtigen und Übersensiblen die Wahrheit nicht vertragen:[99]

Haiders Rhetorik ließ sich nicht in ein vorgefertigtes Schema einordnen. Die Bandbreite ihrer Artikulation und Argumentation hielt sich in Grenzen. Jörg Haider provozierte häufig auf Kosten Dritter. Sein Repertoire umfasste Untergriffe, Falschmeldungen sowie nicht bewiesene Vorwürfe. Fehler gestand er sich ungern ein und entschuldigt hat er sich nur mit einem Augenzwinkern, sodass man an der Glaubwürdigkeit seiner Absicht Zweifel hegen konnte („meinetwegen entschuldige ich mich halt", „wenn mir nachgesagt wird, dass ich das und das gesagt habe").

Meinetwegen entschuldigen muss sich Haider schon lange nicht mehr. Sein Fahrzeug verzieh ihm nämlich 2008 einen Fahrfehler nicht, der bei 1,8 Promille Blutalkohol und stark überhöhter Geschwindigkeit in einer Kurve sich sofort tödlich ausgewirkt und ihn – [hüstel, hüstel] – gecancelt hatte (29. Kunstgriff: Gegen die Cancel Culture).

Seit den Corona-Vorfällen in der Après-Ski-Bar „Kitzloch" in Ischgl im Jahr 2020 hat sich Tirol als das „neue Kärnten" entpuppt. Obwohl die Kärntner (und viele andere Österreicher) dem Populisten Haider zu Füßen gelegen und viele die Kärntner nicht mehr verstanden hatten, hat Tirol Kärnten den Rang des abschreckendsten Bundeslandes im deutschsprachigen Raum streitig gemacht. Insofern überraschte es nicht, dass der Innsbrucker Wirtschaftskammervertreter Karl Ischia die Schuldigen für die überhandnehmenden Infektionszahlen in seinem Bundesland mit Tiroler Klarsicht ausgemacht hatte:[100]

> *Statt die Somalier-, Türken-, Jugo- und Hipsterclubs, wo die Infektionen nach Mitternacht stattgefunden haben, rasch zuzusperren, werden jetzt Hotels, Restaurants und Bars mit allen erdenklichen Sicherheitsvorkehrungen, wo sämtliche Mitarbeiter wöchentlich getestet werden, um 22:00 zugesperrt. Das ist einfach ungerecht und undifferenziert. Das versteht niemand mehr.*

Ischia verstand trotz klarer Tiroler Bergluft ebenso nicht, warum sein Facebook-Posting die öffentliche Aufmerksamkeit auf sich zog. Er sah sich gezwungen, eine Entschuldigung auszusprechen:

> *Ich habe das Posting gelöscht, weil es offenbar falsch verstanden, falsch interpretiert und benützt wird. Wer mich kennt, weiß, dass ich ein weltoffener Mensch bin. Falls sich jemand diskriminiert fühlt, entschuldige ich mich. Ich war sehr verärgert, dass viele Mitarbeiter, auch solche mit Migrationshintergrund, die sich wöchentlich freiwillig testen lassen, jetzt Arbeitszeit und möglicherweise ihren Job verlieren, weil andere völlig sorglos abgefeiert haben. Viele kleine Restaurants, die immer alle Vorsichtsmaßnahmen erfüllt und mit einer Gästeerfassung teilweise sogar übererfüllt haben, haben sich gerade etwas erholt und müssen nun die Zeche bezahlen und stehen vor dem Nichts. Das hat mich sehr betrübt.*

Meine bereits geübten Leserinnen und Leser erkennen die Anwendung weitere Kunstgriffe. Wir erkennen den 14. Kunstgriff: Kann gar nicht sein, weil ich auch so (nicht) bin sowie den 17. Kunstgriff: Die Leute sind einfach zu sensibel im Gleichklang mit dem 8. Kunstgriff: Es ist passiert, aber es war ein Missverständnis und dem 6. Kunstgriff: Es ist passiert, aber aus gutem Grund.

Ischia war jedoch verärgert und es hat ihn betrübt. Nicht wegen der Beleidigungen, die er gegenüber Somalier-, Türken-, Jugo- und Hipsterclubs ausgesprochen, sondern weil man ihn zum Opfer gemacht hatte (13. Kunstgriff: Es ist passiert, aber ich bin das eigentliche Opfer). Genützt hat es nichts. Er musste zurücktreten.

Beide Postings sind mittlerweile gelöscht, existieren aber nach wie vor in den Untiefen des Internets und der Festplatte mancher Buchautoren, damit sie als Anschauungsmaterial für die Kunst der Entschuldigung zur Verfügung stehen.

31. Kunstgriff
Ich entschuldige mich, wenn man Wert darauf legt

Entschuldigung, immer Entschuldigung. Was in aller Welt kann man mit einer Entschuldigung kaufen?

Marie Lu

Auf den Wirtschaftsuniversitäten lernen Studenten im ersten Kurs, wie Angebot und Nachfrage die Preise bestimmen. Ist die Nachfrage größer als das Angebot, steigt der Preis. Ist die Nachfrage kleiner, dann sinkt er. Intuitiv hatte Wolfgang Matt, der Bürgermeister von Feldkirch in Vorarlberg, das erkannt, als es um den Wert von Entschuldigungen ging. Wozu soll man sich die Mühe machen und sich entschuldigen, wenn niemand Wert darauf legt? Klingt einleuchtend.

Doch worum ist es eigentlich gegangen? Dazu müssen wir über den Wert von Impfdosen und Menschenleben angesichts einer Pandemie sprechen. ÖVP-Mitglied Matt wurde nämlich zu Beginn der Corona-Impfungen geimpft, als sein Name noch gar nicht auf der Liste der Impfberechtigten gestanden hatte. Weder waren alle Über-80-Jährigen oder Altersheimbewohner seines Ortes noch die Pfleger geimpft worden; aber er hatte schon eine Dosis erhalten. Er hatte sich – so zumindest sagen es seine Neider – einfach vorgedrängelt. Er wiederum sah das ganz anders. Er sei mit einer überschüssigen Impfdosis am Ende des Tages versorgt worden, die ansonsten weggeworfen worden wäre. So, wie man altes Brot auch nicht wegwirft, sondern noch als Toast esse, sei es mit Impfdosen. Auf die Idee, weitere Berechtigte anzurufen und zur Impfstelle zu bringen, war er nicht gekommen. In der Nachrichtensendung „ZIB 2", zu der er eingeladen worden war, verwickelte er sich bei Nachfragen des Moderators Armin Wolf in einige Widersprüche über den genauen Hergang. Dabei empfand Matt diese Kritik als etwas unfair, bezeichnete er sich doch selbst als jemand, der „selbstkritisch" sei und dem „auch kein Stein aus der Krone" falle. Vor allem auch, dass es ihm „im Herz weh" tue.[101] An Rücktritt habe er nicht gedacht und mit einer Entschuldigung sei das so eine Sache.

Ich kann mich entschuldigen, wenn man Wert darauf legt.

Aus den Reaktionen der Menschen und der Zeitungsmeldungen wurde deutlich, dass „man Wert darauf legte". Ganz geheuer schien dem Bürgermeister der 34.000 Einwohnern großen Stadt die so unerwartete öffentliche Aufmerksamkeit nicht. Dass er gleich zwölf Minuten in der halbstündigen, bundesweit ausgestrahlten Spätabendnachrichtensendung des *ORF* für seine selbstlose Aufopferung zur Rettung der Impfdosen gegrillt werden sollte, kam für ihn überraschend. Seine zweite Impfdosis werde er dann bekommen, wenn er an der Reihe sei, meinte er abschließend bedrückt. Manchmal ist die Aufregung es nicht wert.

32. Kunstgriff
Ich entschuldige mich, mehr kann man aber nicht tun

Entschuldigen Sie sich niemals dafür,
hohe Ansprüche zu haben. Menschen, die wirklich
in Ihrem Leben sein wollen, werden sich erheben,
um sie zu erfüllen.

Suman Rai

Was genau erwarten die Leute eigentlich? Die Vermutung liegt nahe, dass es ihnen selbst nicht immer so ganz klar ist. Deshalb nehmen sie bereitwillig alles an, was man ihnen offeriert. Das erlaubt uns die Erwartung, sie in die Schranken weisen und Kontrolle über das Angebotene übernehmen zu können.

In ihrem Theatermonolog „Das Lebewohl" lässt die Literaturnobelpreisträgerin Elfriede Jelinek ihren „reumütigen Heuchler im Büßerhemd", ein unverhülltes Abbild des Politikers Jörg Haider, als Entschuldigungsmaschine auftreten. Allerdings steuert er ganz klar, was die Entschuldigung beinhaltet, welche Art von Entschuldigung wie Brotkrumen den Tauben zugeworfen wird und wo bitte schön auch die Grenze ist.[102]

> *Wir haben uns entschuldigt, wir haben uns mehr als entschuldigt, und viel mehr können wir nicht tun.*

Somit wird klar kommuniziert, dass es sich nicht nur um eine einfache Entschuldigung handelte, sondern um mehr als eine Entschuldigung. Sozusagen eine frisierte Entschuldigung, die Köpfe verdreht, wie der getunte und tiefergelegte GTI am Wörthersee. Was also will man da mehr? Doch wohl keine Forderung nach mehr Umweltverträglichkeit und Austausch des Benzinmotors gegen einen Elektromotor? Also bitte! Das ist genauso absurd wie die Entschuldigung von Jelineks Protagonisten zu folgenden „Anschuldigungen“:

> *Ich entschuldige mich, wenn Sie so wollen, für das Wetter, das schlimme, und für das beigesellte Unheil entschuldige ich mich auch. Diese Lawine da, sie ist ebenfalls entschuldigt, von mir.*

33. Kunstgriff
Ich entschuldige mich, mach aber dann nichts

Entschuldigungen sind toll, aber sie ändern nicht wirklich etwas. Wissen Sie, was es tut? Taten.

Stella Young

Peinliches passiert, wenn die Person, der man gerade einen wichtigen Preis verliehen hat, sich als Rassist entpuppt. Und wenn das nicht wirklich ein großes Geheimnis war. So ging es der renommierten Association for Computing Machinery (ACM), die mit mehr als 100.000 Mitgliedern zur wichtigsten Vereinigung von Informatikern zählt. Von ihr wird alljährlich der Turing Award für herausragende Leistungen in der Informatik verliehen, sozusagen der Nobelpreis für Computernerds.

2021 ging der Preis an den Stanford-Professor Jeffrey Ullman, der notorisch für seine Vorurteile gegen Iraner ist und eine Website mit anti-iranischen Beiträgen betrieb. In seiner übersimplifizierten Weltsicht führte das dazu, dass iranische Doktoranden und Forscher sich an seinem Institut gar nicht erst bewerben sollten. Wenn einmal „ein Perser“ das Pech gehabt hatte, ihm zu begegnen, dann endete die

Begegnung erst nach einer langen Tirade gegen den Iran und dessen Einwohner.[103] Die ACM hatte dieses kleine Detail bei der Auswahl der Preisträger übersehen und geriet auch gleich ins Kreuzfeuer der Kritik, nachdem eine Reihe von persischen Informatikern von ihren unangenehmen Begegnungen mit Ullman berichtet hatten. Die ACM reagierte umgehend, nein, nicht etwa mit dem Entzug des Preises, sondern mit einem Tweet:[104]

> *Die ACM hat vor Kurzem von Bedenken bezüglich Aussagen erfahren, die Jeffrey Ullman, einer der diesjährigen Turing-Award-Preisträger, in der Vergangenheit gemacht hat. Diese Aussagen spiegeln nicht die Ansichten der ACM wider.*
>
> *Die ACM hat sich zu Vielfalt und Inklusion verpflichtet und wird daran arbeiten, unsere Umsetzung dieser Prinzipien in allem, was ACM tut, zu verbessern.*

Wenn wir dieses Corporate-Geschwafel dechiffrieren, dann bedeutet es auf gut Deutsch Folgendes: „Diese Aussagen spiegeln nicht die Ansichten der ACM wider, wir haben ihm aber trotzdem den Preis gegeben und verlieren kein Wort darüber, ob wir Weiteres tun werden als uns zu Vielfalt und Inklusion zu verpflichten."

Wie klingt solch eine Aussage in einem anderen Kontext? Probieren wir es doch einmal:

> *Schatz, ich habe kürzlich von deinen Bedenken erfahren, weil ich dich mit einer anderen Frau betrogen habe. Ich will nur feststellen, dass dies nicht meine Ansichten widerspiegelt. Ich bin dir zur Treue verpflichtet und werde daran arbeiten, die Umsetzung dieser Prinzipien in meinem Tun zu verbessern.*

34. Kunstgriff
Sag etwas Cooles

Ich nutzte die Macht aus, die ich über Frauen hatte –
Macht, die ich hatte, weil sie mich als Kabarettist bewunderten.
Es verfolgt mich und vielleicht, wenn ich nur nicht so verdammt
gut als Kabarettist gewesen wäre … vielleicht wäre das alles nie passiert.
Aber das ist etwas, das ich nicht ändern kann.

Male Comedian Apologises[105]

Das Silicon Valley übt nicht nur durch die Innovationskraft seinen Einfluss auf den Rest der Welt aus, sondern auch durch die dortige Kultur. Nicht so sehr mit Kultur wie Musik oder bildender Kunst, dafür etwas mehr mit Science-Fiction- und Animationsfilmen in Form von Star Wars, Disney und Pixar. Und noch viel mehr – zumindest in der Unternehmensgründungsszene – mit dem lockeren Kleidungsstil und den coolen Sprüchen.

„Move fast and break things" von Facebook klingt so richtig dynamisch. Oder „Don't be evil!", dem Google in längst vergangenen Zeiten einmal anhing, bevor es dann doch böse wurde. Ein Satz wie „FAIL: First Attempt in Learning" oder der von LinkedIn-Gründer Reid Hoffman, „Wer sich nicht für sein Produkt schämt, hat zu spät geliefert", sagt, wie es geht und wie die Milliarden gemacht werden. Solche Sätze von coolen Silicon-Valley-Leuten inspirieren – und das grenzüberschreitend. Schon längst über die Start-up- und Investorenkreise hinaus bemühen sich auch Politiker, vom Hauch des Coolen eine Brise abzubekommen. Doch ähnelt das eher einem „Cargo-Kult des Coolen". Wie die Bewohner der Pazifikinsel Tanna im Zweiten Weltkrieg, die ihnen unbekannte Gepflogenheiten und Rituale der dort stationierten Soldaten der U.S. Air Force imitierten, plappert man die Sätze der Tech-CEOs in Ministerien nach, ohne sie verstanden zu haben.

Eine Ministerin, die sich diese Coolness zu Herzen nahm, war die schon erwähnte Margarete „Kaufhaus Österreich“ Schramböck. Die erste Reaktion auf den Spott und Zorn der Öffentlichkeit war noch von ehrlicher Überraschung geprägt, gefolgt von einem Untertauchen der Ministerin und des Wirtschaftskammerpräsidenten (siehe auch den 19. Kunstgriff: Es ist passiert, aber mach dich aus dem Staub), obwohl den beiden sonst kein Fototermin zu peinlich, kein Baby zu hässlich oder keine neu zu eröffnende Parkbank zu entlegen war, um sich öffentlichkeitswirksam ins Rampenlicht zu stellen. Doch eine Lösung musste her. Und die fand sich, indem man einige Monate später die Geschichte zu einem Erfolg uminterpretierte und etwas Cooles von sich gab. Denn die negative Aufmerksamkeit war ja auch irgendwie eine Werbung für die Plattform – immerhin würde sie nun jeder in Österreich kennen. Daher hatte sie auch keine Fehler gemacht.

Wenn man nichts tut, kann man auch nicht kritisiert werden.

entgegnete sie zwar trotzig, aber gleichzeitig auch irgendwie Silicon-Valley-cool.[106] So sei, meinte sie, die Kritik an der Suchfunktion angekommen, die man nun nicht etwa verbessern wollte, sondern sang- und klanglos von der Seite runternahm. Und das im Musikland Österreich!

Übrig blieb ein Gerüst einer Informationsseite für Wirtschaftstreibende, auf der man nachlesen konnte, wie man eine eigene Onlinepräsenz erstellt. Es selber nicht können, aber andere dazu beraten. Das klingt schon fast zu sehr nach Silicon-Valley-Mindset.

35. Kunstgriff
Setze zur Gegenattacke an

Entschuldige, aber du bist ein Trottel.

Jeder Fußballfan kennt die Weisheit, dass Offensive die beste Defensive ist: Nicht erst den Gegner in die eigene Spielhälfte kommen lassen, sondern durch Pressing den Gegner schon in seiner Hälfte zu Fehlern zwingen. Nachdem damit bewiesen ist, dass Fußballweisheiten immer auf das wirkliche Leben anwendbar sind, können wir sie ohne weiteres Nachdenken auch auf Entschuldigungen zuschneidern.

Genau ein solches Pressing betrieb der Pfarrer des Ortsteils Obbürgen der Schweizer Stadt Stansstad im Kanton Nidwalden. Als bekannt geworden war, dass die Sekretärin des Kirchenrates auf ihrem Handy ein Foto eines erigierten Penis vom Geistlichen erhalten hatte, reichte derselbe Strafanzeige gegen den Kirchenratspräsidenten, die Vizepräsidentin und die besagte Sekretärin ein.[107] In seinen Anschuldigungen sah er sich als Opfer einer Verschwörung, denn es sei nicht sein Penis gewesen noch habe er es der Sekretärin schicken wollen. Er wollte es löschen und habe es dabei „aus Versehen" an sie geschickt.[108] Die Leserbriefe der Schäfchen der Gemeinde waren gespalten: Sprachen einige von „man solle die Kirche im Dorf lassen", könne doch eine „Fehlmanipulation am Handy" schon einmal irrtümlich die falsche Adressatin mit Nacktfotos erreichen, wunderten sich andere, warum ein dem Zölibat verpflichteter katholischer Pfarrer solche Fotos auf seinem Handy habe. Wir reden hier nicht von schlaff herabhängenden Geschlechtsorganen auf Gemälden dürftig bekleideter Heiliger, sondern von „Dick Pics", auf gut Deutsch „Schwanzfotos" im prächtigsten Zustand. Die Erregung ist mittlerweile abgeebbt, der Pfarrer demissionierte. Die Gegenattacke hatte jedenfalls ihre Wirkung nicht verfehlt. Immerhin hatte sie einiges an Unruhe in der Gemeinde verursacht. Die weiblichen Kirchenmitglieder werden es sich beim nächsten Mal wohl zweimal überlegen, ob sie nochmals viel Aufhebens machen oder schlüpfrige Fotos nicht einfach wortlos löschen und die Sache auf sich beruhen lassen.

Dabei muss eine Gegenattacke nicht immer für Neider nachvollziehbar sein. Eine absurde Reaktion kann sie verwirren und von den Vorwürfen ablenken. Ein Meister der absurden Gegenattacke ist der Held im „Ibiza-Video", Hans Christian Strache. Der damalige österreichische Vizekanzler war mit dem Geschäftsführer der Freiheitlichen Partei Österreichs Johann Gudenus von einer vorgeblich russischen Oligarchentochter in eine Villa auf Ibiza zur Diskussion möglicher Investitionen und anderer Deals eingeladen worden. Allerdings war die Oligarchentochter nur eine Schauspielerin und die Villa mit Videokameras ausgestattet gewesen, die die mehrstündige Diskussion aufgezeichnet hatten. Die Anbiederung und korrupte Natur der mehr als offenherzigen Diskussion, die dann von *Der Spiegel* und *Süddeutsche Zeitung* veröffentlicht worden war, hatte unweigerlich zum Rücktritt der beiden geführt. Was zuerst noch nach Scham – ein Wort, das in unserem Wortschatz beinahe schon ausgestorben scheint – ausgesehen hatte, wurde sehr rasch von Strache als Falle identifiziert, die Neider gestellt hatten, um ihm und „der Sache" zu schaden. Die Szenen aus dem Video seien manipuliert und aus dem Kontext gerissen worden. Vor allem seien sie privater Natur gewesen. Strache schuf eine Dolchstoßlegende, in der sich hinter seinem Sturz ein „konstruktives Komplott" von Kriminellen aus dem Drogendealermilieu und mutmaßlich ausländischen Geheimdienstleuten als Drahtzieher verbarg. Damit hätten sie versucht, eine „funktionierende Bundesregierung" mit „Stasi-Methoden" in die „Luft zu jagen" und ihn selbst „politisch zu vernichten" und „mundtot" zu machen.[109] Geholfen hat ihm dieser Kunstgriff jedenfalls nicht. Sein Versuch, mit einer eigenen Liste in den Wiener Stadtrat einzuziehen, misslang.

Wie dieser Kunstgriff vor einiger Zeit bei nachfolgender Begebenheit für die handelnden Personen ausgegangen war, ist nicht an die nachfolgenden Generationen übermittelt worden:

> *Ein gerade frisch ernannter österreichischer Minister trifft zum ersten Mal in den Amtsräumen seines neuen Herrschaftsbereichs ein. Die Ministerialbeamten stehen Spalier und warten ungeduldig auf ihn. Unter den Beamten befinden sich mehrere alte Schulkameraden aus Gymnasialzeiten des Ministers, die sich eine freundschaftliche Zusammenarbeit mit ihm erhoffen. Als der Minister eintrifft, tritt*

der ranghöchste Beamte, ebenso ein ehemaliger Schulkamerad des Ministers, auf ihn zu und begrüßt ihn herzlich mit „Servus, lieber Minister und lieber Freund. Wir sind stolz darauf, dass du nun unser Chef bist, und heißen dich herzlich willkommen!"

An der Miene des so Angesprochenen ist deutlich abzulesen, dass er mit dieser informellen Begrüßung nicht einverstanden ist. Er adressiert alle Anwesenden von oben herab und mit dem formalen Sie. Als er ausgeredet hat, wendet sich nochmals der ranghöchste Beamte an ihn: „Lieber Herr Minister, Entschuldigen Sie, wenn ich noch einmal das vertraute Du verwende: Du Arschloch!"

36. Kunstgriff
[Zwinker, zwinker] Wir wissen doch alle, dass die öffentliche Aufregung nicht ernst zu nehmen ist

Es tut mir leid, dass ich lebe – es wird nicht wieder vorkommen.

Sehr oft weidet sich die Meute an vermeintlichen Verfehlungen, selbst wenn die Vorwürfe noch so lächerlich sind. Es ist ein ritualisierter Tanz, von dem jeder weiß, welche Rolle er einzunehmen hat. Der Ablauf ist immer derselbe. Zu einem Wort oder einer scheinbaren Enthüllung findet sich eine Person, die daran Anstoß nimmt. Am besten funktioniert die Routine, wenn ein Tabu gebrochen wurde. Irgendetwas mit Ausländern, Flüchtlingen oder Bierpreiserhöhung geht immer. Ein daraufhin verfasster und empört klingender Tweet oder ein ebensolches Video geht viral. Die Medien klauben dies auf, weil sie das gierige Zuseher- oder Leserzahlenmonster mit Breaking-News-Meldungen bei Laune halten müssen. Die ersten Wortmeldungen von politischen Gegnern, eilig aus irgendwelchen Untiefen ausgegrabenen „Aktivisten" und moralischen Instanzen werden eingeholt. Das Büro oder das Wohnhaus des „Übeltäters" wird vom Medientross belagert, das Parteibüro oder Sekretariat mit Interviewanfragen überschüttet. Kolumnen mit starken Meinungen werden von Leuten geschrieben, die nie Verantwortung übernommen, ein Unternehmen geführt oder überhaupt auch nur einen Funken Einfallsreichtum gezeigt haben – außer, wenn sie jemanden noch gemeiner verleumden können. Dieselben Personen sitzen in Podiumsdiskussionen, um erzürnt in wohlklingenden, aber nichtssagenden Worten ihre Verabscheuung auszudrücken. Zugleich sind sie froh, dass sie jemand – oft für gutes Geld – dazu eingeladen hat. So treten sie wieder ins öffentliche Rampenlicht und dürfen für einen Moment ihre Unbedeutsamkeit vergessen. Was wie ein lächerliches Ritual klingt, ist auch ein solches. Und ehrlich gesagt, es langweilt immens. Und weil es so langweilig ist, nutzt es sich auch rasch ab. Die Aufmerksamkeit des Publikums verlangt nach dem nächsten Aufreger. Wenn es keinen gibt, dann macht man ihn sich einfach. Der nächste Beleidigte, die nächste Ungerechtigkeit oder der vermeintlich nächste Tabubruch steht schon davor, identifiziert oder provoziert zu werden. Der Tross zieht weiter, als ob nichts gewesen wäre. Allen Beteiligten ist das klar und keiner von ihnen nimmt es ernst. Ohne Aufreger keine Leser, ohne Leser kein Geld, ohne Geld kein Spaß, ohne Spaß kein Aufreger.

Der Wiener Sprachwissenschaftler Helmut Gruber sieht darin eine Taktik, die das Streitklima aufrechterhält, wobei das ursprüngliche Thema aber schon lange nicht mehr im Gesprächsfokus steht:[110]

> *Die zwischenzeitliche Verhöhnung der Öffentlichkeit durch „spaßige" Interpretationen der Bilder signalisiert jenem Teil des Publikums, das den Tabubruch goutiert, dass die ganze öffentliche Aufregung im Grunde eh nicht ernst genommen wird.*

Wie schon Theodore Roosevelt gesagt hat, zählt nicht der Kritiker, nicht derjenige, der mit dem Finger auf den stolpernden starken Mann zeigt und klugscheißt, was dieser hätte besser machen können. Nein, es zählt einzig und allein der Mann in der Arena, der blut- und schweißgetränkt im Staube steht, Fehler macht, immer und immer wieder kurz davor scheitert, dabei aber nicht aufhört, es wieder und wieder zu probieren, um die würdige Sache zu einem Erfolg zu bringen. Der Kritiker und der Mann in der Arena sind nicht einmal auf Augenhöhe, aber der Kritiker gewinnt erst durch den Mann in der Arena seine Bedeutung. Und dafür sollte er auch dankbar sein. Genau das ist es, was alle Beteiligten wissen. Zwinker!

Kategorie IV – Kontrafaktische Taktiken

Schauspieler Schmidt beleidigte Schauspieler Müller und wurde dazu verurteilt, sich bei Müller in dessen Wohnung vor geladenen Zeugen zu entschuldigen. Zur festgesetzten Stunde klingelte Schmidt an der Wohnung von Müller und sagte, als man ihm die Tür öffnete: „Wohnt hier Meier? Nein? Ach dann verzeihen Sie bitte vielmals!“

Ulrich Erckenbrecht

Kontrafaktische Taktiken sind solche, die gegen Erwartungen oder Tatsachen gerichtet sind. Der Gegner wird damit überrascht, ist perplex und damit ohne Antwort auf die Vorgehensweise. Wenn er eine Entschuldigung fordert, aber Widerstand erwartet, dann kann eine ansatzlose Entschuldigung die Vorsicht beim Gegner fahren lassen. Es ist aber Achtung geboten. Die kontrafaktische Entschuldigung darf nicht erst das eigentliche Misstrauen erwecken, sie muss so klingen, als sei sie unbegründet oder übertrieben. Was uns nicht schwerfallen sollte, denn sie ist es ja von Natur aus.

37. Kunstgriff
Übertreibe die Entschuldigung

Blumen sagen, dass es dir leidtut. Ein Date sagt,
dass man seine Lektion gelernt hat. Ein Diamant sagt beides.
Alle drei und du machst sie misstrauisch.

Saleem Sharma

Was ist schlimmer als Nervensägen, die sich nie entschuldigen? Nervensägen, die sich dauernd entschuldigen. Das ist dieser Menschenschlag, der jeden zweiten Satz mit einer Entschuldigung beginnt oder beendet. Das Wort „Entschuldigung“ wird dabei oft in einer gepressten Form und mit kindlicher Stimmlage und Kulleraugen artikuliert.

Man muss allerdings das größere Bild dieses Typus von Nervensäge betrachten. Was bei mikroskopischer Betrachtung nervend erscheint, bietet bei makroskopischer Sicht eine Art Freischein, in Zukunft doch einmal diese oder jene Unverschämtheiten zu sagen oder zu begehen. Die Entschuldigungskakophonie wirkt wie steter Tropfen, der den Stein höhlt. Sie ist ein Ablenkungsmanöver, um in Ruhe kommenden Vergehen den Weg zu ebnen. Die Achtsamkeit schwindet. Wegen der geistigen Erschöpfung wird keine Energie mehr aufgewendet, um nachzuvollziehen, ob hier wirklich ein Vergehen vorliegt, das eine Entschuldigung erfordert. Man ersäuft das Vergehen schon im Vorhinein durch eine Flut an Entschuldigungen.

Sollten die anderen aber einmal für ein Vergehen eine Entschuldigung verlangen, hat man sich ohnehin schon mindestens ein Dutzend Mal entschuldigt. Und die nächste kommt bestimmt. Was also soll die Aufregung?

38. Kunstgriff
Es ist noch nichts passiert, aber ich entschuldige mich schon im Vorhinein

Sich zu entschuldigen ist die beste Grundlage für die nächste Beleidigung.

Ambrose Gwinnett Bierce

Ein Freund kam aus London zurück und berichtete von den Eigenheiten der Briten. Eine Merkwürdigkeit hatte ihn besonders mitgenommen – und die betraf das Verhalten beim U-Bahn-Fahren. In den engen Untergängen und Waggons der ältesten Metro der Welt wurde immer wieder „Sorry" oder „Excuse me" gemurmelt. Allerdings, so mein Freund, immer, bevor das zu entschuldigende Vergehen begangen worden war. Man steigt nicht jemandem unabsichtlich auf die Zehen oder rempelt einem im Gedränge den Ellbogen in die Nieren und entschuldigt sich danach. Nein, die Londoner kamen einem nahe, nuschelten „Excuse me" und Sekundenbruchteile später ging man mit Schmerzen in der Nierengegend oder an dem großen Zeh in die Knie, während der Verursacher seelenruhig durch die frei gewordene Lücke weitergegangen war. Anfänglich hatte mein Freund gedacht, er sei ein paar Arschlöchern begegnet, bis ihm dämmerte, dass dies das akzeptierte Verhalten der Londoner in der U-Bahn oder generell an bevölkerungsreichen Plätzen war. Es war, als ob man mit dem „Sorry" vorab einen Freischein für eine Ungehörigkeit gelöst hatte. Nach dem Motto „Ich entschuldige mich dafür, dass ich Ihnen gleich etwas Ungehöriges antun werde."

Dieser Kunstgriff lässt sich auch einsetzen, wenn man jemandem die Meinung sagen möchte und an Deftigkeit nicht sparen will. Und aufrichtig gefragt, wer befand sich nicht schon einmal in einer Situation, in der er gern diesen Satz gesagt hätte?

'tschuldigung, aber du bist ein Trottel.

Dank dieses Büchleins wissen wir nun, dass diese Phrase ihre Berechtigung hat und man sich bei dessen Anwendung nicht schlecht fühlen sollte. Es ist ein Satz, der der Menschheit insgesamt Gutes tut.

Nachsatz: Ein enger Verwandter dieses Kunstgriffs ist eine Variation, die nicht empfohlen wird, weil sie sofort Aufmerksamkeit auf sich zieht. Ein Satz, der mit der Phrase „Ich bin ja nicht rassistisch/frauenfeindlich/judenfeindlich/gegen Schwule und Lesben/gegen Bayern-München-Fans, aber ..." beginnt, wird vom Gegenüber niemals als nicht-rassistisch, -homophob oder dergleichen gewertet werden. Ganz im Gegenteil, jetzt werden erst recht die Ohren gespitzt und was nach dem Aber folgt, wird immer als das gewertet, was es vorgeblich nicht sein soll, egal was man sagt. Beispiel gefällig?

Ich bin ja kein Rassist, aber schwarzes Salz braucht wirklich niemand!

39. Kunstgriff
Entschuldige dich für vergangene Vergehen anderer

Verteidige oder entschuldige dich nie, bevor du nicht angeklagt bist.

Karl I.

Die vorletzte Art der Nicht-Entschuldigung ist eine, die wir schon ganz am Anfang des Buches angesprochen haben. Man finde Vergehen seiner Vorgänger oder seines Landes in der Vergangenheit wie beispielsweise irgendeinen Genozid unter einem Kaiser entweder daheim oder in einer Kolonie. Oder eine finanziell höchst profitable Finte einer vergangenen und längst verstorbenen Führungskraft der eigenen Organisation wie beispielsweise, indem man Gold von Verschleppten einlagerte und dann vergaß, dass es jemandem gehörte. Oder indem man zugewiesene Strafgefangene aus besetzten Gebieten als billige Arbeitskräfte im eigenen Betrieb zu einem Hungerlohn einsetzen konnte. Oder wenn man die Auszahlung von Lebensversicherungen an die Nachkommen von Erwerbern des Lebensunterhalts so schwierig gestaltete, dass diese letztendlich kapitulierten und man das Geld selbst einstreichen konnte. Wichtig ist, dass dieses Vergehen lange genug zurückliegt. So leben keine Unterstützer und Nachfahren des oder der Übeltäter aus den eigenen Reihen mehr, die einem in die Quere kommen und deren Missfallen man erregen könnte.

Solche Arten von Entschuldigungen bringen nur Vorteile. Weil man selbst als Person gar nicht daran schuld war, sondern irgendwelche fernen Vorfahren. Der Groll der Betroffenen und/oder ihrer Nachfahren, sofern es überhaupt welche gibt, ist auch schon lange geschwunden. Und sie sind immer dankbar, nicht zuletzt, weil es auch ein wohlwollendes Schlaglicht auf sie wirft. Und sollte es noch Nachfahren und Profiteure der Schuld geben, so ändert das nichts an deren heutiger Situation. Dem Entschuldiger – zumeist ein Staatenführer – winkt internationales Schulterklopfen und gute Presse, was wiederum gut für das Geschäft und die Wiederwahl ist. Vielleicht benennt man dann eine Straße, eine Schule oder einen Stein in der Wüste nach dem historischen Opfer, was wiederum Medienaufmerksamkeit garantiert und bedeutend weniger kostet, als unverschämt hohe Entschädigungen zu zahlen. Dass dieses Kalkül aufgeht, zeigt die Tatsache, dass es mittlerweile unmöglich geworden ist, noch irgendein Ureinwohnervolk zu finden, bei dem sich noch keiner entschuldigt hat und nach dem noch keine Schule benannt worden ist.

Wie kann man die Forderungen nach mehr als einer Entschuldigung abwiegeln? Sie werden unweigerlich kommen und man sollte vorher auch abschätzen, ob die Entschuldigung mit Kosten verbunden ist. Droht eine kostspielige Entschädigung mit Zins und Zinseszins? Oder reicht es, wenn man ein paar Schulen und Krankenhäuser nach dem lokalen Rebellenführer benennt, der damals hingerichtet worden war?

Könnte man die Schuld durch die Einrichtung einer nach ihm benannten Bibliothek tilgen? Und es kann knifflig werden: Nichts oder zu wenig zu machen kann Empörung hervorrufen, die Kakophonie kein Ende nehmen. Entschuldigt man sich aber, dann gibt man irgendwie die Schuld zu und kann noch mehr in die Bredouille kommen. Rücktrittsforderungen, Forderungen nach Wiedergutmachung oder gar „Verbesserungen durchführen". Als ob wir die Zeit dazu hätten.

Sehen die Vorbedingungen günstig aus, dann steht einem nichts im Weg, politisches und anderes Kapital daraus zu schlagen. Eine Entschuldigung tut dann nicht weh, sie eröffnet aber die Chance, dass die Empfänger der Entschuldigung nun wohlwollend auf einen blicken oder eben erst jetzt wieder genauer hinschauen und wegen der gemeinsamen Geschichte und Erfahrungen bereitwilliger sind, profitable Geschäfte zu treiben.

Wo wird man heutzutage auf der Suche nach „Entschuldigungsempfänger" fündig? Bei Frauen? Bei kirchlichen Missbrauchsopfern? Beim Steuerzahler? Keine Sorge. Natürlich nicht. Mir sitzt nur der Schalk im Nacken.

40. Kunstgriff
Entschuldige dich für die aktuellen Vergehen anderer, aber sie sind eben so

Wieder was dazugelernt! Wie man den Papst anredet, wusste ich dank dem Wiener Meister der Etikette, Rittmeister Willy Elmayer-Vestenbrugg, schon, seit ich Tanzschüler war. „Eure Heiligkeit" lautet sie. Wie aber verabschiedet man sich in einem Brief an den Papst? Na?
Mit „Mit freundlichen Grüßen" oder „Gruß an die Gattin" ist es nicht getan. Laut Auskunft der Protokollstelle des Bonner Kanzleramtes ist eine Option nichts weniger als:
„Um den Segen Eurer Heiligkeit fleht <Unterzeichner>."[111]

Kinder sind Kinder und stellen somit kindliche Sachen an. Ein Satz, den jeder von uns unterschreiben kann. Deshalb passen Eltern und andere Erwachsene auch immer auf, dass den Kindern nichts zustößt. Der Satz hat sich aber über die Jahrhunderte ein wenig gewandelt: Man hat sicherlich die Variante „Jungs sind nun einmal so“ („Boys will be boys“) gehört. Das bedeutet ganz einfach, dass Erwachsene vor allem Jungs zugestehen, über die Stränge zu schlagen. Warum gibt es nicht den Satz „Mädchen sind nun einmal so“ („Girls will be girls“)?

Was von den Erwachsenen als Entschuldigungsgrund für das Verhalten von Kindern vorgebracht wurde, hat sich mit der Zeit auf die Erwachsenen selbst übertragen. Männer seien nichts anderes als „große Jungs“ und damit ist deren Verhalten entschuldbar, vor allem, wenn dieses den Charakter von Jungenverhalten hat: sich mit anderen Jungs prügeln, um ein Mädchen aggressiv wetteifern, die Zurschaustellung von körperlichen Funktionen wie Rülpsen und Furzen, die häufige Verwendung von Schimpfworten oder Wut- und Zornausbrüche ohne Zurückhaltung. Der Trick dabei ist, jemand anderen zu finden, der sich für das Verhalten der Jungs bereitwillig entschuldigt. Waren es damals Mütter und Tanten, so sind es heute die Sekretär- und Sprecherinnen.

Wie das geht, hatte die damals 29-jährige *Stern*-Journalistin Laura Himmelreich geschildert, die dem 68-jährigen deutschen FDP-Politiker Rainer Brüderle anlässlich des Dreikönigstreffens der Liberalen in Stuttgart an der Bar des Hotels Maritim zufällig begegnet war. Nach einem anstrengenden Parteitag voll politisch bedeutsamer Entscheidungen plaudert man doch gern mit den ebenso noch auf einen Abendtrunk an der Bar verweilenden Journalisten – vor allem, wenn unter ihnen eine so hübsche und junge Dame ist, wie es Brüderle Himmelreich gegenüber mit fortschreitendem Abend immer stärker betonte. Bevor die Gefahr dräute, dass durch den Sex-Appeal des 68-Jährigen die 29-Jährige ihre Beherrschung verlieren würde, kam die Rettung in Form von Brüderles Sprecherin. Himmelreich lässt uns das in ihrer Schilderung hautnah miterleben:

Gegen ein Uhr nachts tippt ihm seine Sprecherin an die Schulter. Brüderle verabschiedet sich von den umstehenden Männern. Dann steuert er mit seinem Gesicht sehr nah auf mein Gesicht zu. Ich weiche einen Schritt zurück und halte meine Hände vor meinen Körper. Die Sprecherin eilt von hinten heran: „Herr Brüderle!", ruft sie streng. Sie führt ihn aus der Bar. Zu mir sagt sie: „Das tut mir leid." Zu ihm sagt sie: „Zeit fürs Bett."[112]

Brüderle selbst half die Entschuldigung seiner Sprecherin nicht, er war seinen FDP-Vorsitz noch im selben Jahr los. Entschuldigt hat er sich übrigens nicht, er legte mit seinem Buchknüller „Jetzt rede ich!" seine Sicht der Dinge dar.

Der Einwurf von „Boys will be boys" bringt noch einen anderen Vorteil mit sich: Er zwingt die Jungs nicht, über das eigene Verhalten zu reflektieren oder es gar zu ändern. Zumindest das hatte bei Brüderle nicht geklappt. Er musste über sein Verhalten reflektieren. Hat er sein Verhalten geändert? Dafür könnte mehr sein fortschreitendes Alter denn seine intensiven Reflexionen gesorgt haben.

KUNSTGRIFFE, UM DEN SPIESS UMZUDREHEN

Wenn Sie sich wie ein Fußabtreter verhalten,
dann können Sie erwarten, dass man auf Sie tritt.
Beschweren Sie sich also nicht darüber.

Suzette Haden Elgin[113]

Warum sollten Macher wie wir, die im Schweiße unseres Angesichts die Welt ver- und unser Bankkonto aufbessern, immer diejenigen sein, von denen Entschuldigungen gefordert werden? Wieso drehen wir den Spieß nicht einmal um? Ein proaktives Herangehen, das potenzielle Beschuldiger schon im Vorhinein diskreditiert und selbst zu einer Entschuldigung nötigt, schwächt schon im Vorhinein jeden Anspruch an uns ab.

Wie also schaffen wir es, dass andere zu einem Fußabtreter werden, denen wir damit das Recht, sich über uns zu mokieren und von uns Entschuldigungen einzufordern, absprechen können? Indem wir die verbalen Samthandschuhe ausziehen. Sehen wir uns ein paar Kunstgriffe an, die wir in „Vorwürfe", „Verbesserungen" und „Tatsachen" einteilen können.

Kategorie I – Vorwürfe

Jemandem direkt einen Vorwurf machen funktioniert dann, wenn man die andere Person damit überrumpelt. Die erste Reaktion darauf ist oft ein Stammeln, gefolgt von einem Versuch, sich zu rechtfertigen, und zwar für das Falsche. Und genau dort wollen wir hinsteuern. Hier sind Kunstgriffe, die einen falschen Köder auslegen, nur um dann umso gnadenloser zuzuschlagen.

1. Kunstgriff
Wenn du wirklich ..., dann ...

Wenn du mich wirklich lieben würdest, dann würdest du nicht mit deinen Freunden abends in die Bar gehen.

Das Minenfeld ist ausgelegt, jetzt muss er oder sie nur noch reintreten. Der Satz hat nämlich eine Vorannahme, die man leicht übersieht.

Wenn du <x> wirklich <y>, dann <z>.

Der erste Teil des Satzes ist es, der vom Opfer leicht übersehen wird. Wenn dessen spontane Reaktion nur den zweiten Teil aufgreift, also den Köder, dann haben wir schon gewonnen. „Wenn du mich wirklich lieben würdest" unterstellt, dass es hier ein Problem gibt. Die Liebe der anderen Person wird angezweifelt. Der Liebesbeweis wird mit dem Ausgehen mit Freunden verknüpft. Wenn man ohne Partner mit Freunden ausgeht, dann ist die Liebe keine.

Hier ist derselbe Satz, noch um eine subtile Landmine erweitert:

Wenn du mich wirklich lieben würdest, dann würdest du nicht mit deinen Freunden abends in die Bar gehen wollen.

Hat man sich doch entschlossen, zu Hause zu bleiben und nicht auszugehen, dann kommt dieses kleine Wörtchen „wollen" der guten Tat in die Quere. Denn der oder die Beschuldigende ist dann immer noch nicht zufrieden. Er oder sie unterstellt nämlich, dass man eigentlich doch ausgehen will – und somit folglich den Partner nicht wirklich liebe. Hier gewinnt also nur einer.

Langer Analyse kurzer Sinn: Eine Entschuldigung ist fällig, der andere fühlt sich schuldig. Oft genug angewandt, wird ein späteres eigenes Vergehen weniger tadelnswert, weil sich schon so viele Vergehen des oder der anderen angesammelt haben. So geht unser eigenes Vergehen in diesem Berg an Schuld direkt unter – oder im biblischen Sinne der Bergpredigt:

> *Was siehst du aber den Splitter in deines Bruders Auge und nimmst nicht wahr den Balken in deinem Auge?*

2. Kunstgriff
Ist es dir egal ...?

Will man den moralischen Zeigefinger heben und die andere Person sich schuldig fühlen lassen, dann ist dieser Kunstgriff zu empfehlen. Er kann dabei folgendermaßen aussehen:

> *Ist dir der Klimawandel wirklich so egal?*
>
> *Dir sind deine Kollegen wohl egal?*
>
> *Ist dir deine Verantwortung für die Quartalsergebnisse wirklich so wurscht?*

Zuerst einmal: Dir ist wohl alles egal? Mit Ausnahme deines eigenen Wohls, du selbstsüchtige Person? Und weil es dir egal ist, bist du nichts anderes als eine verkommene Person. Denn wem kann der Klimawandel, können die Kollegen oder die Quartalsergebnisse schon so egal sein? Mit anderen Worten: Pfui, du solltest dich schämen und schuldig fühlen. Fühlst du dich nicht so, was bist du dann für ein Mensch?

Also: Kriech zu Kreuze und tue Buße! Entschuldige dich hier und jetzt und denk nicht einmal daran, mit dem Dreck, den du selbst am Stecken hast, andere zu Entschuldigungen aufzufordern.

Kategorie II – Verbesserung

Im Zeitalter des empathischen Managements in der Firma, im Familien- oder Freundeskreis kommt es immer gut an, das Beste und das Wohl der anderen im Auge zu behalten. Wer also sollte Verbesserungsvorschlägen skeptisch gegenüberstehen? Niemand, der sich wirklich verbessern will. Und wer ist besser geeignet als unsereins mit dem Erfahrungsschatz und Klarblick der Macher, Verbesserungsvorschläge zu unterbreiten?

3. Kunstgriff
Selbst du solltest …

Der nächste Kunstgriff verpackt den Vorwurf in einen Verbesserungsvorschlag, der die persönlichen Unzulänglichkeiten ausmerzen könnte, wenn die Person nur wirklich wollte. Die einfache Variante ist ziemlich unkompliziert:

> *Selbst du solltest bereit sein, etwas mehr Anstrengung in deine Arbeit reinzustecken.*

Unter uns gesagt: Das weiß jeder und sollte auch dir bekannt sein. Ja, es sollte dir nicht nur bekannt, sondern sogar möglich sein, diese Arbeit auszuführen. Es ist eine Reihe von kleineren Unterstellungen, die ihre gewünschte Wirkung nicht verfehlen werden. Wem das nicht Tobak genug ist, der kann den Ton verschärfen.

Selbst mit deiner Ausbildung solltest du bereit sein, etwas mehr Anstrengung in deine Arbeit reinzustecken.

Selbst in deinem Alter solltest du bereit sein, etwas mehr Anstrengung in deine Arbeit reinzustecken.

Hier deuten wir an, dass irgendetwas mit der Ausbildung oder dem Alter der Person nicht in Ordnung ist. Und wer selbst solch einfache Fakten des Lebens nicht versteht, muss minderwertig sein. Die einzig logische Schlussfolgerung für den Empfänger eines solchen Kommentars: Schäme dich und fühle dich sehr, sehr schuldig!

4. Kunstgriff
So manche ...

Verbesserungspotenziale erkennt man beim Vergleich mit Kollegen oder Gleichrangigen. Denn wenn selbst die es verstanden haben, warum nicht auch andere? Es gilt somit, Vergleichsgruppen zu finden und zu bilden: Freunde und Kollegen, Frauen im selben Alter, Männer mit Glatze und Bauch. Dabei sollte die Vergleichsgruppe immer einen höheren Standard darstellen als die Person, die wir für die Entschuldigung vorbereiten wollen.

So manche, die die Karriereleiter hochklettern möchten, würden verstehen, dass die dazu notwendigen Stunden erbracht werden müssen.

Lassen wir uns diesen Satz auf der Zunge zergehen, der einige Leckerbissen enthält. So verweist der Satzanfang „So manche, die die Karriereleiter hochklettern möchten“ darauf, dass es Menschen gibt, die diese hochklettern wollen. Die adressierte Person zählt aber nicht dazu. Alle anderen „würden verstehen", wie man sie hochklettert. Dazu scheint die geistige Kapazität der adressierten Person nicht auszureichen. Sonst müssten wir es ja nicht erklären. Was genau nicht verstanden wurde, nämlich „dass die dazu notwendigen Stunden erbracht werden müssen" ist allen klar, außer denen, die es bevorzugen, frühzeitig Feierabend zu machen. Wie oft also sollen wir noch erklären, warum eine Beförderung und die damit einhergehende Gehaltserhöhung nicht zur Debatte stehen?

Die Gruppen lassen sich dabei beliebig zuschneiden und können je nach Bedarf ausgewechselt werden. Sobald die Person sich dem Standard der Gruppe annähert, wechseln wir die Gruppe. Beispiel gefällig?

> *Andere Ehemänner schaffen es auch, ihrer Frau hin und wieder Blumen mitzubringen, ohne dass man sie darauf hinweisen muss.*

„Andere Ehemänner", also die guten anderen, nicht das minderwertige Exemplar, mit dem ich mich herumschlagen muss, bringen „ihrer Frau ... Blumen" mit. Der eigene macht es nicht, damit disqualifiziert sich dieser Ehemann schon einmal. Er erreicht den Standard nicht. Man muss ihn direkt darauf stoßen, damit er es schließlich macht. Was aber, wenn der Standard erreicht wird und der Ehemann einmal unaufgefordert Blumen mitbringt? Wir wechseln die Vergleichsgruppe.

> *Andere Ehemänner, die Blumen mitbringen, wissen, welche Blumensorten ihre Frauen lieben. Und du bringst mir Tulpen, die ich nicht ausstehen kann?*

Nur um hier keinen falschen Eindruck zu erwecken: Dieser Kunstgriff kann von jedermann, ob von Mann oder Frau oder nichtbinärer Identifizierung angewandt werden. Zumindest in diesem Punkt ist die Zeit nicht stehen geblieben.

5. Kunstgriff
Warum machst du nie ...?

Schon Stanford-Professor Robert Sutton hat in seinem Buch „Überleben unter Arschlöchern: Wie Sie mit Leuten klarkommen, die andere wie Dreck behandeln“ korrekt festgestellt, dass ein Arschloch Subtilitäten nicht versteht. Somit muss man ein Arschloch beim Namen nennen. Ein Arschloch ist ein Arschloch. Nur dann verstehen es dieselben. Der Grund, den Sutton aufführt, hat unter anderem mit der Temporalität von Arschlöchern zu tun. Einige sind es immer, andere sind es nur zeitweise. Greift man zur „nuklearen Option“, also ein Arschloch als Arschloch zu bezeichnen, dann tendieren vor allem temporäre Arschlöcher dazu, innezuhalten, zu reflektieren und ihr Verhalten zu verbessern.

Dieser Kunstgriff setzt auf diesem Erfahrungsschatz auf, indem er die Person mit der Nase direkt auf ihre Verfehlungen stößt, um somit eine Entschuldigungsmöglichkeit vorzubereiten. Man hilft, wo man kann. Wie sieht so ein Kunstgriff in der Praxis aus?

Warum machst du nie das, was wirklich helfen würde?

Die Person macht zwar etwas, aber nie das, was helfen würde. Und sie macht es immer (das Nutzlose) beziehungsweise nie (das Hilfreiche). Impliziert wird auch, dass es einen Grund dafür geben muss, warum diese Person nie etwas macht, was hilft. Und vermutlich ist dieser Grund etwas Sinisteres, etwas, das normale Menschen als verwerflich bezeichnen würden. Wie eben im folgenden Fall:

Warum musst du immer deinen Spaß damit haben, alle anderen herunterzumachen?

Die Person zieht Lustgewinn daraus, andere herunterzumachen. Und so eine Person ist wirklich fällig, endlich eine Entschuldigung abzuleisten.

Kategorie III – Tatsachen

Gelegentlich spricht die Faktenlage für sich und kommt uns zugute. Alle mit einem Hauch an objektivem Wahrnehmungsvermögen sollten in der Lage sein, das zu erkennen. Hier sind Kunstgriffe, die uns helfen, andere mit der Nase auf die verkannten Tatsachen aufmerksam zu machen und sie in den Genuss von Erkenntnissen über sich selbst und was andere über sie wissen kommen zu lassen.

6. Kunstgriff Jeder weiß, warum du …

Warum beispielsweise wissen so wenige etwas über sich, was anderen aber längst bekannt ist? Das verstehe ich ebenso wenig, serviert uns aber einen Kunstgriff auf dem Tablett, der uns beim Spießumdrehen zugutekommt.

Jeder weiß, warum du so emotional bist.

Dieses Beispiel aus dem Kollegen- oder Freundeskreis spricht das Offensichtliche an. Jedem ist dein Zustand bekannt. Gute Güte, der kann ja nun wirklich nicht übersehen werden. Dass du so emotional bist, ist nicht nur nicht zu übersehen, es wirkt sich auf uns alle negativ aus. Wir sind bislang nur deshalb bereit, diese emotionalen Momente deinerseits auszuhalten, weil wir die Gründe kennen. Hättest du nicht diesen Hallodri geheiratet, vor dem dich alle gewarnt haben, dann wärst du ausgeglichener. Und vor allem: Du würdest deine Arbeit ordentlich verrichten. Aber wir verstehen das und geben dir noch ein bisschen Zeit, solange wir können.

Dieser Kunstgriff kann verfeinert werden, indem auf eine Gruppe eingeschränkt wird.

Jeder Krankenpfleger auf dieser Station weiß, wieso wir diese Formulare ausfüllen.

Jeder andere Krankenpfleger außer dir hat das verstanden und folgt den Anweisungen. Liegt das Problem nun daran, dass du es nicht verstanden hast oder dass du es nicht verstehen willst? Oder trifft beides zu? Reiß dich also bitte zusammen!

7. Kunstgriff
Charaktereigenschaften, die Unannehmlichkeiten für andere schaffen

Wenn Tatsachen über Charaktereigenschaften einer Person absolut unstrittig sind, dann haben wir eine weitere Möglichkeit, jemanden in die Entschuldigungsecke zu drängen. Für diesen Kunstgriff ist die korrekte Satzstruktur wichtig. Statt der Feststellung

Martin fährt rücksichtslos, wenn er die Kinder im Auto hat.

ist folgender Satz um einiges besser:

Martins Rücksichtslosigkeit beim Fahren, wenn er die Kinder im Auto hat, versteht keiner, der ihn als Kollege oder Vater respektiert.

Liegt beim ersten Satz der Fokus noch auf dem „rücksichtslosen Fahren" und kann Martin dies sofort hinterfragen, so stellt der zweite Satz die „Rücksichtslosigkeit" als Tatsache hin und lenkt den Fokus auf den Respekt, der Martin bislang von den Kollegen und Freunden entgegengebracht worden war. Martin kommt somit in Erklärungsnot, warum er nicht mehr respektiert wird, weil seine erwiesene Rücksichtslosigkeit beim Fahren mit seinen Kindern einfach nur unverständlich ist. Kennen wir wichtige Charaktereigenschaften von Martin etwa nicht, die uns in Schwierigkeiten bringen könnten? Wo ist er noch rücksichtslos? Im Umgang mit Kunden? Bei der Spesenabrechnung? Beim Trinken in der Bar mit Freunden? In seinem Verhältnis zu seinen alten und gebrechlichen Eltern? Eine Gelegenheit also, dass sich Martin vor uns erklärt – und sich entschuldigt.

8. Kunstgriff
Manche würden …

Dieser Kunstgriff arbeitet mit dem Wohlwollen der eigenen Person, die deutlich macht, wie gut es die Beschuldigte eigentlich mit unsereins hat. Und Letztere weiß es nicht einmal zu schätzen.

Manche Chefinnen würden es nicht akzeptieren, wenn ein Mitarbeiter jedes Mal einen solch dünnen Bericht abliefert.

Es mag andere Chefinnen geben, aber ich bin nicht so. Deshalb liegt die Betonung auch auf „manche", um darauf hinzuweisen, dass ich eine einzigartige Chefin bin. Das heißt nicht, dass ich alles durchgehen lasse. Ganz im Gegenteil: Ich bemerke das sehr wohl und merke mir das auch. Mir ist bewusst, dass es nicht das erste Mal ist, dass der Mitarbeiter einen solch dünnen Bericht abliefert. Doch ich habe meine Gründe, die ich nicht zu benennen brauche. Mir mögen Fakten bekannt sein, die mich aktuell dazu veranlassen, das Verhalten durchgehen zu lassen. Aber niemand weiß, wie lange ich ein Auge zudrücken werde, und mein Mitarbeiter schon gar nicht. Mit anderen Worten: Sei achtsam und bereite schon einmal eine gute Entschuldigung vor.

Conclusio

Diese acht Bonuskunstgriffe geben einen ersten Einblick, wie strategisch vorgegangen werden kann, um andere in die Entschuldigungsfalle zu manövrieren. Allerdings erfordern sie einiges an Übung und Vorsicht. Zu jedem dieser Kunstgriffe gibt es Gegenmaßnahmen, die den Kunstgriffen den Wind aus dem Segel nehmen können. Werden die acht Kunstgriffe allerdings gekonnt eingesetzt, dann sind sie eine ideale Ergänzung zu den 40 Kunstgriffen der Nicht-Entschuldigung. Übung macht sowohl den Entschuldigungschampion als auch den Beschuldigungsmeister.

EINE ENTSCHULDIGTE TRADITION

Spence: „Hast du jemals jemanden getötet?"
Sam: „Ich habe einmal die Gefühle von jemandem verletzt."

Dialogszene aus dem Film „Ronin" aus dem Jahr 1998 mit Robert de Niro als Sam

Die hinter uns liegenden Kunstgriffe sind eine Anleitung zur Umschiffung von heiklen sozialen Klippen. Gelegentlich genügt schon ein Kunstgriff, um das Biest der öffentlichen Empörung, gerechtfertigt oder meistens eher nicht, zu beruhigen. Doch manches Mal ist eine Kombination von Kunstgriffen die beste Taktik. Keine Sorge, in der überwiegenden Mehrzahl der Fälle werden die Neider und Empörten gar nicht realisieren, dass die Entschuldigung keine war. Wie auch? So wie das Erklingen des Glöckchens bei Pawlows Hunden in Sankt Petersburg den Speichelfluss auslöste, so löst das Erklingen des Wörtchens „Entschuldigung" beim Pöbel ähnliche Reflexe aus – mit dem Unterschied, dass der Geifer ein jähes Ende findet und der Speichelfluss stoppt.

So wie einmal im Jahr die Narren regieren, so wie einmal im Jahr die Knechte und Mägde ohne Furcht ihren Herren die Leviten lasen, genauso lässt man sich gelegentlich zu einer Entschuldigung herab. Eine Tradition in moderne Zeiten überführt, bei der man dem Volk zuliebe mitspielt. Danach fressen sie einem wieder aus der Hand, denn ohne unsereins kriegen die doch nichts auf die Reihe.

Die Bedrohung für diejenigen, die nicht von der Seitenlinie aus das Geschehen betrachten, sondern die in der Arena stehen, es blutverschmiert und verschwitzt versuchen, ist real. In einer Kultur der zunehmenden Einschränkungen durch politische Korrektheit werden denjenigen, die sich trauen, immer mehr Bürden auferlegt. Entschuldigungen für Dinge, die durch Jahrtausende als Kollateralschaden akzeptiert waren, werden in modernen Zeiten zum „Showstopper" aufgeblasen.

Cancel Culture und Entschuldigungen machen sogar selbst vor fiktiven Charakteren nicht halt: Speedy Gonzales, die schnellste Maus von Mexiko, wird wegen seiner negativen kulturellen Stereotypen –

faule Mexikaner – von Warner Bros. Pictures seit Jahren nicht mehr gezeigt oder verkauft, obwohl die Cartoon-Serie gerade in Mexiko sich äußerster Beliebtheit erfreut. Jetzt wurde ein weiterer Charakter mit Charakter von Warner Bros. Pictures „gecancelt". Pepé le Pew, das charmante Stinktier mit französischem Akzent und großer Libido, das Hundedamen und Katzenfräuleins im erotischen Drang recht schnell mit einem weiblichen Stinktier verwechselt und „Liebe machen will" („faire l'amour"), fand seine Szenen im neuesten Warner-Film kurzerhand herausgeschnitten. Die #Metoo-Bewegung hat auch hier gnadenlos zugeschlagen und eine Cartoon-Tradition beendet.

Wie Pepé le Pew dem *New Yorker* in seinem Statement erklärte:[114]

> *Die Toleranz für Gewalt und Rassismus ist [...] immer höher als die Toleranz für Amour.*

Mal ehrlich: Sind wir wirklich schon so weit gekommen, uns für die Liebe entschuldigen zu müssen?

'TSCHULDIGUNG, BEVOR SIE GEHEN, ES GÄBE NOCH EINE DANKSAGUNG

Schuld an einigen Passagen in diesem Buch sind Personen, die in meine Falle getappt sind und mir bereitwillig Beispiele aus ihrer Welt geliefert haben. Dafür ent- oder beschuldige ich niemanden, sondern will ihnen auf diese Weise eine Danksagung zukommen lassen.

Jens Odenheimer für den Hinweis auf den Kölner Kardinal, von dem ich dankenswerterweise noch nie gehört hatte. Michael Schuster für seinen Beitrag. Katarina Lucic für viele wichtige Inputs und Denkanstöße. Jeff Saperstein für seine philosophisch-religiöse Betrachtung. Und May Kou Heu, die immer wieder aktuelle Beispiele nachreichte.

Es fallen Ihnen noch weitere Kunstgriffe ein, die ich übersehen haben soll? Entschuldigung, aber das ist mir scheißegal (41. Kunstgriff: Entschuldigung, aber das ist mir scheißegal).

LITERATUR UND REFERENZEN

1 Oxford English Dictionary, https://www.lexico.com/en/definition/apology

2 Stopp der Osterruhe: Die Entschuldigung Merkels im Wortlaut, https://www.sueddeutsche.de/politik/merkel-entschuldigung-osterruhe-wortlaut-1.5245458

3 Angela Merkels Kalkül könnte aufgehen, https://www.zeit.de/politik/deutschland/2021-03/pandmie-politik-corona-angela-merkel-entschuldigung-opposition-bundestag

4 Die Kanzlerin entschuldigt sich für das Falsche, https://www.tagesspiegel.de/politik/merkels-rueckzieher-die-kanzlerin-entschuldigt-sich-fuer-das-falsche/27036870.html

5 Merkel entschuldigt sich: Auch nur ein Mensch, https://www.spiegel.de/kultur/angela-merkel-entschuldigt-sich-ein-befreiungsschlag-a-eff4c41d-4691-4c03-919d-aca08beebb79

6 Merkels Coronakrisenmanagement: Gescheitert, aber ehrlich, https://www.spiegel.de/politik/deutschland/angela-merkel-korrigiert-corona-beschluss-gescheitert-aber-ehrlich-a-cf291f27-4c42-42b3-a73b-fa026f46e485

7 http://www.humanrightscolumbia.org/ahda/political-apologies

8 About Last Night: Ancient Drunkard Apology Letters of the Silk Road, https://www.messynessychic.com/2021/03/04/about-last-night-ancient-drunkard-apology-letters-of-the-silk-road/

9 The many ways to say sorry in Japanese, https://www.bbc.com/news/world-asia-33901966

[10] The various ways to apologize in Japanese, https://gogonihon.com/en/blog/the-various-ways-to-apologize-in-japanese/

[11] Video of Japanese Politician Crying Hysterically Goes Viral, https://www.hollywoodreporter.com/news/video-japanese-politician-crying-hysterically-716523

[12] Polizeieinsatz in Hamburg: Weil er schwarz ist? Lehrer wird für Einbrecher gehalten, https://www.mopo.de/hamburg/polizeieinsatz-in-hamburg-weil-er-schwarz-ist--lehrer-wird-fuer-einbrecher-gehalten--37963394

[13] Raids: Last Week Tonight with John Oliver (HBO), https://www.youtube.com/watch?v=WYdi1bL6s10

[14] Nach Einsatz an Schule: Polizeichef entschuldigt sich bei schwarzem Lehrer, https://www.mopo.de/hamburg/nach-einsatz-an-schule-polizeichef-entschuldigt-sich-bei-schwarzem-lehrer-37987890

[15] http://info.volkswagen.de/de/de/home.html?tab=overview

[16] Buchauszug Michael Neumann/Jörg Forthmann: „Überlebenskunst im Topmanagement – Die Reputation des Unternehmens und seiner Führungsspitze vor Krisen schützen. Unternehmenswerte sichern., https://blog.wiwo.de/management/2017/10/23/buchauszug-michael-neumannjoerg-forthmann-ueberlebenskunst-im-topmanagement-die-reputation-des-unternehmens-und-seiner-fuehrungsspitze-vor-krisen-schuetzen-unternehmenswerte-sichern/

[17] Gary Chapman/Jennifer Thomas; When Sorry Isn't Enough: Making Things Right with Those You Love; NORTHFIELD PR, 2013

[18] David P. Boyd, Art and Artifice in Public Apologies. Journal of Business Ethics 104, 299–309 (2011). https://doi.org/10.1007/s10551-011-0915-9

[19] Amber Ruffin Apologizes to Seth like a Sexual Harasser, https://youtu.be/DmhCy8aPR5s

[20] Merkels Coronakrisenmanagement: Gescheitert, aber ehrlich, https://www.spiegel.de/politik/deutschland/angela-merkel-korrigiert-corona-beschluss-gescheitert-aber-ehrlich-a-cf291f27-4c42-42b3-a73b-fa026f46e485

[21] Après-Ski mit bösem Erwachen in den Tiroler Bergen - https://www.derstandard.at/story/2000115989961/apres-ski-mit-boesem-erwachen-in-den-tiroler-bergen

[22] What Trump officials really say – and don't say – in denying that he disparaged fallen troops, https://www.washingtonpost.com/politics/2020/09/08/trump-officials-military-disparagement-denials/

[23] Former White House press secretary Sarah Huckabee Sanders: Former officials critical of Trump are ‚disgruntled employees', https://abcnews

.go.com/Politics/white-house-press-secretary-sarah-huckabee-sanders-officials/story?id=72873516

24 Kampf gegen Amazon: Plattform „Kaufhaus Österreich" startet, https://kurier.at/wirtschaft/kampf-gegen-amazon-plattform-kaufhaus-oesterreich-startet/401114001

25 Wirtschaftsministerin Schramböck verteidigt „Kaufhaus Österreich", https://www.derstandard.de/story/2000124162417/wirtschaftsministerin-schramboeck-verteidigt-kaufhaus-oesterreich

26 https://twitter.com/amazonnews/status/1374911222361956359

27 https://twitter.com/Comedian_Sorry/status/1280517500086730756

28 Carol Tavris, Elliot Aronson; Mistakes Were Made (but Not by Me); Harcourt, 2007; 2010 auf Deutsch im Riemann Verlag unter dem Titel „Ich habe recht, auch wenn ich mich irre: Warum wir fragwürdige Überzeugungen, schlechte Entscheidungen und verletzendes Handeln rechtfertigen" erschienen

29 Merkel räumt in interner Schalte ein: „Uns ist das Ding entglitten", https://www.focus.de/politik/deutschland/corona-schock-fuer-kanzlerin-merkel-raeumt-in-interner-schalte-ein-uns-ist-das-ding-entglitten_id_12909341.html

30 Tesco condemned and fined £7m for selling out of date food at stores across Birmingham, https://www.birminghammail.co.uk/news/midlands-news/tesco-condemned-fined-7m-selling-20418904

31 https://twitter.com/MeghanMcCain/status/1372216359464144902

32 Meghan McCain apologizes for previously backing Trump's anti-Asian rhetoric, https://www.latimes.com/entertainment-arts/tv/story/2021-03-22/meghan-mccain-apologizes-trump-anti-asian-rhetoric-john-oliver sowie https://twitter.com/MeghanMcCain/status/1374051866426941446

33 AOC says a House Republican accosted her on the steps outside the Capitol, https://www.nbcnews.com/politics/congress/aoc-says-house-republican-accosted-her-steps-outside-capitol-n1234465

34 https://vroniplag.wikia.org/de/wiki/Home

35 Die „besten" Ausreden der abschreibenden Zunft, https://plagiatsgutachten.com/blog/die-besten-ausreden-der-abschreibenden-zunft/

36 Guttenberg: „Ich wollte mir keine Schwäche eingestehen", https://www.tagesspiegel.de/politik/plagiatsaffaere-guttenberg-ich-wollte-mir-keine-schwaeche-eingestehen-/4160182.html

37 Plagiate: Montan-Uni will an Vizerektor festhalten, https://www.derstandard.at/story/2840088/plagiate-montan-uni-will-an-vizerektor-festhalten

[38] Hahn-Dissertation ist kein Plagiat, wäre heute aber unzureichend, https://www.diepresse.com/706113/hahn-dissertation-ist-kein-plagiat-ware-heute-aber-unzureichend

[39] Man accused of raping woman says he tripped and fell naked on top of her, https://metro.co.uk/2019/08/29/man-accused-raping-woman-says-tripped-fell-naked-top-10650072/

[40] Saudi millionaire cleared of raping teenager after telling court he may have accidentally penetrated 18-year-old when he tripped and fell on her, https://www.dailymail.co.uk/news/article-3361640/Saudi-millionaire-cleared-raping-teenager-telling-court-accidentally-penetrated-18-year-old-tripped-fell-her.html

[41] Dale Carnegie; How to Win Friends and Influence People; 1936

[42] Weekend Update: The Iceberg on the Sinking of the Titanic – SNL, https://www.youtube.com/watch?v=qP5bu9hLH9E

[43] https://twitter.com/Comedian_Sorry/status/1280579545658245121

[44] Cruz calls Cancun, Mexico, trip ‚a mistake' as Texans remain without power amid historic winter storm, https://www.cnn.com/2021/02/18/politics/ted-cruz-cancun-texas-disaster-electricity-power-water/index.html

[45] Colorado police apologize over viral video of officers handcuffing Black girls in a mistaken stop, https://www.washingtonpost.com/nation/2020/08/04/aurora-pd-handcuffs-family-gunpoint/

[46] Statement regarding yesterday's car stop at Iliff and Buckley, https://twitter.com/APDChiefWilson/status/1290490334212796416

[47] Tech company issues statement after Bay Area job posting requires applicants be ‚non-Asian', https://abc7news.com/data-analysis-non-asian-linkedin-aptude/10334998/

[48] Cruz calls Cancun, Mexico, trip ‚a mistake' as Texans remain without power amid historic winter storm, https://www.cnn.com/2021/02/18/politics/ted-cruz-cancun-texas-disaster-electricity-power-water/index.html

[49] https://twitter.com/Comedian_Sorry/status/1279696666719911937

[50] Kardinal Woelki bittet zu Weihnachten um Verzeihung, https://www.zeit.de/news/2020-12/25/kardinal-woelki-bittet-zu-weihnachten-um-verzeihung

[51] Woelki gibt Fehler bei Aufarbeitung von Missbrauchsvergehen zu, https://www.spiegel.de/panorama/missbrauchsskandal-kardinal-rainer-maria-woelki-gibt-fehler-bei-aufarbeitung-zu-a-a1f31ac3-7d98-4cd1-8399-24250934c60a

[52] Server bricht nach Freischaltung von Termin für Kirchenaustritt in Köln zusammen, https://www.welt.de/vermischtes/

article226710689/Koeln-Serverzusammenbruch-wegen-hoher-Nachfrage-nach-Kirchenaustritten.html

53 Persönliche Erklärung Bundesministerin Aschbacher, https://www.ots.at/presseaussendung/OTS_20210109_OTS0036/persoenliche-erklaerung-bundesministerin-aschbacher

54 Six Innovation Leadership Skills Everybody Needs To Master, http://www.forbes.com/sites/robertbtucker/2017/02/09/six-innovation-leadership-skills-everybody-needs-to-master/#48d7c0386e5b

55 BP CEO apologizes for saying ‚I want my life back', https://thehill.com/blogs/blog-briefing-room/news/101057-bp-ceo-apologizes-for-saying-i-want-my-life-back

56 Kate Middleton reportedly ‚mortified' over Meghan's claims she made her cry, https://www.news.com.au/entertainment/celebrity-life/royals/kate-middleton-reportedly-mortified-over-meghans-claims-she-made-her-cry/news-story/db3e3e410a3018763bbc2dcbfbb57295

57 Alexandria Ocasio-Cortez Responds to Verbal Abuse by Ted Yoho, https://www.newyorker.com/video/watch/alexandria-ocasio-cortez-responds-on-the-house-floor-to-a-verbal-assault-by-representative-ted-yoho

58 Sexuelle Belästigung: Wie ich mich fühlte, als ich mich endlich wehrte, https://ze.tt/sexuelle-belaestigung-wie-ich-mich-fuehlte-als-ich-mich-endlich-wehrte/

59 Teen Vogue staffers question Alexi McCammond's hire as editor in chief ‚in light of her past racist and homophobic tweets', https://www.cnn.com/2021/03/08/media/alexi-mccammond-teen-vogue/index.html

60 ‚It is just a joke': Australian Restaurant Sparks Outrage After ‚Two Very Annoying Asians' Receipt, https://nextshark.com/australian-restaurant-owner-order-slip/

61 https://twitter.com/ebonyplusirony/status/1375534688794726403

62 Melania Trump ‚disheartened' by Capitol riot: Full statement, https://www.aljazeera.com/news/2021/1/11/melania-trump-disheartened-by-capitol-riot-full-statement

63 Virginia governor apologizes for ‚racist and offensive' costume in photo showing people in blackface and KKK garb, https://www.cnn.com/2019/02/01/politics/northam-blackface-photo/index.html

64 The complex art of apology in Japan, http://www.bbc.com/travel/story/20180805-the-complex-art-of-apology-in-japan

65 Persönliche Schilderung vom 11. Februar 2021

66 Na gut, meinetwegen entschuldige ich mich halt, https://www.diepresse.com/5374222/na-gut-meinetwegen-entschuldige-ich-mich-halt

[67] Oder soll man es lassen?, https://www.zeit.de/2018/29/seenotrettung-fluechtlinge-privat-mittelmeer-pro-contra/komplettansicht

[68] Zum Pro & Contra über private Seenotrettung in der *Zeit*, https://blog.zeit.de/fragen/2018/07/12/zum-pro-und-contra-zur-seenotrettung/

[69] Sheriff's officials ‚regret any heartache' for ‚bad day' comment after Georgia spa killings, https://www.msn.com/en-us/news/us/sheriffs-officials-regret-any-heartache-for-bad-day-comment-after-georgia-spa-killings/ar-BB1eJ7YY

[70] Standing with Dr. Timnit Gebru – #ISupportTimnit #BelieveBlackWomen, https://googlewalkout.medium.com/standing-with-dr-timnit-gebru-isupporttimnit-believeblackwomen-6dadc300d382

[71] Google AI head apologizes for dismissal of top researcher as company announces new diversity policies, https://thehill.com/policy/technology/539708-google-ai-head-apologizes-for-dismissal-of-top-researcher-as-company

[72] Google tweaks diversity, research policies following inquiry, https://www.axios.com/google-tweaks-diversity-research-policies-following-inquiry-8baa6346-d2a2-456f-9743-7912e4659ca2.html

[73] ZIB 2 mit Gernot Blümel vom 10. Mai 2021, https://youtu.be/6EtEzGAOHg0

[74] Our recent response to Representative Pocan, https://www.aboutamazon.com/news/policy-news-views/our-recent-response-to-representative-pocan

[75] https://de.wikipedia.org/wiki/Whataboutism

[76] Amazon Mumbles ‚Sorry' for Denying Its Workers Pee in Bottles, Says Uber and UPS Drivers Do It, Too, https://www.msn.com/en-us/money/news/amazon-mumbles-sorry-for-denying-its-workers-pee-in-bottles-says-uber-and-ups-drivers-do-it-too/ar-BB1fhi9A

[77] https://twitter.com/repmarkpocan/status/1378322845659447297?s=20

[78] https://twitter.com/Comedian_Sorry/status/1277544795477626880

[79] Doktortitel der Berliner „Blockchain Queen" widerrufen, https://www.faz.net/aktuell/karriere-hochschule/hoersaal/plagiate-doktortitel-der-berliner-blockchain-queen-widerrufen-16848307.html

[80] Shermin Voshmgir: „Ich werde mich nicht mundtot machen lassen", https://www.derbrutkasten.com/shermin-voshmgir-interview-lange-fassung/

[81] Shermin Voshmgir: „Ich werde mich nicht mundtot machen lassen", https://www.derbrutkasten.com/shermin-voshmgir-interview-lange-fassung/

[82] https://twitter.com/Comedian_Sorry/status/1277261267175178246

[83] Rita Ora ‚sorry' for breaking lockdown rules to attend birthday party, https://www.bbc.com/news/newsbeat-55133313

[84] https://twitter.com/GovMikeHuckabee/status/1378351326120312836

[85] https://twitter.com/BethMooreLPM/status/1378500118035447814

[86] https://twitter.com/GovMikeHuckabee/status/1378528500903206915

[87] Kevin Durant Apologizes After Actor Michael Rapaport Shares Offensive Messages from NBA Player, https://people.com/sports/kevin-durant-apologizes-offensive-comments-michael-rapaport-exchange/

[88] „Kaufhaus Österreich" sperrt zu – Fragen zu hohen Kosten, https://www.sn.at/wirtschaft/oesterreich/kaufhaus-oesterreich-sperrt-zu-fragen-zu-hohen-kosten-99561349

[89] „Man sollte die Kirche im Dorf lassen", https://www.rheinpfalz.de/sport_artikel,-man-sollte-die-kirche-im-dorf-lassen-_arid,5185382.html

[90] Nach „F*** you"-Ruf gegen Köln-Bank: Hertha-Stürmer Cunha entschuldigt sich, https://www.sportbuzzer.de/artikel/reaktionen-labbadia-hertha-cunha-koeln-gisdol-bundesliga/

[91] https://nextshark.com/buccaneerss-carlton-davis-anti-asian-slur/

[92] https://twitter.com/Carlton_Lowkey/status/1378875328786018306

[93] The Jeff Dunham Podcast #002: Gabriel „Fluffy" Iglesias!, https://jeffdunham.libsyn.com/website/the-jeff-dunham-podcast-002-gabriel-fulffy-iglesias

[94] DER STANDARD-Kommentar: „Haider zum Nennwert" (von Katharina Krawagna-Pfeifer), https://www.ots.at/presseaussendung/OTS_20010418_OTS0224/der-standard-kommentar-haider-zum-nennwert-von-katharina-krawagna-pfeifer-erscheinungstag-1942001

[95] Vorwürfe und ihre Folgen: Der Fall Lisa Eckhart, https://www.ndr.de/kultur/kulturdebatte/Cancel-Culture-Der-Fall-der-Kabarettistin-Lisa-Eckhart,cancelculture104.html

[96] Fekter zur „Causa Arigona": „Aus dem Fernseher starrende Rehlein-Augen haben mich nicht zu berühren", https://www.ots.at/presseaussendung/OTS_20090114_OTS0143/fekter-zur-causa-arigona-aus-dem-fernseher-starrende-rehlein-augen-haben-mich-nicht-zu-beruehren

[97] „Wir können uns nicht von Kinderaugen erpressen lassen", https://www.zeit.de/politik/deutschland/2016-02/alexander-gauland-afd-fluechtlingskrise-fluechtlingspolitik-grenzen

[98] Alfred Worm: Widersprechen, auffallen, trendsetten. Jörg Haider – eine schlechte, aber perfekte Inszenierung. In: Haider. Österreich und die rechte Versuchung. Rowohlt, 2000

[99] Tanja Maria Woschitz: Die Rhetorik des Rechtspopulismus – Mit besonderem Augenmerk auf die Sprache Jörg Haiders; Mai 2011 – Universität Wien

[100] https://www.facebook.com/profile.php?id=100011938774209

[101] ZIB 2 Wolfgang Matt zum Vorwurf der „Bürgermeister-Impfung" 19.01.2021, https://www.youtube.com/watch?v=31Uzu16S3s4

[102] Kathrin Schaber; Haider scheibchenweise oder: Den Trümmern auf der Spur; 30.3.2017

[103] Professor comes under fire for alleged anti-Iranian e-mail, https://www.stanforddaily.com/2011/01/10/professor-comes-under-fire-for-alleged-anti-iranian-e-mail/

[104] https://twitter.com/TheOfficialACM/status/1379891090246004744

[105] https://twitter.com/Comedian_Sorry/status/1277533216145096705

[106] „Kaufhaus Österreich" sperrt zu – Fragen zu hohen Kosten, https://www.sn.at/wirtschaft/oesterreich/kaufhaus-oesterreich-sperrt-zu-fragen-zu-hohen-kosten-99561349

[107] Nach Nacktbild-Affäre und Anzeige durch Obbürger Pfarrer: Kirchenrat nimmt Stellung und räumt Differenzen ein, https://www.luzernerzeitung.ch/zentralschweiz/nidwalden/nach-nacktbild-affaere-und-anzeige-durch-obbuerger-pfarrer-kirchenrat-nimmt-stellung-und-raeumt-differenzen-ein-ld.1260132

[108] Priester schickt Sekretärin in Nidwalden Penisfoto – „es war ein Missgeschick", https://www.luzernerzeitung.ch/schweiz/priester-schickt-sekretarin-in-nidwalden-penisfoto-es-war-ein-missgeschick-ld.1258677

[109] Neue Details zu Ibiza: Eine rechte Dolchstoßlegende?, https://www.ndr.de/fernsehen/sendungen/zapp/medienpolitik/Neue-Details-zu-Ibiza-Eine-rechte-Dolchstosslegende,strache118.html

[110] Experten zu Strache-Erklärung: „Persönliche Distanzierung fehlt", https://www.derstandard.at/story/2747008/experten-zu-strache-erklaerung-persoenliche-distanzierung-fehlt

[111] https://twitter.com/AxelKamann/status/1326262591656763400

[112] Stern-Porträt über Rainer Brüderle: Der Herrenwitz, https://www.stern.de/politik/deutschland/stern-portraet-ueber-rainer-bruederle-der-herrenwitz-3116542.html

[113] Suzette Haden Elgin: The Gentle Art of Verbal Self-Defense; Barnes & Noble Books, 1980

[114] Pepé le Pew apologizes, https://www.newyorker.com/humor/daily-shouts/pepe-le-pew-apologizes